小林真美

出世する人の英語
アメリカ人の論理と思考習慣

GS 幻冬舎新書
514

まえがき
出世する人は「アメリカ人の本質」を知っている

　みなさん、はじめまして！　私は会社経営者や管理職をはじめとするビジネスパーソンの方を対象に、英語の指導や英語勉強法のコンサルティングを行っている、小林真美と申します。

　日本企業のグローバル化が進むなか、仕事で英語を使う必要に迫られ、「ビジネス英語を学びたい」と私のもとにやってくる人はどんどん増えています。

　そういった方々の話を聞いていると、「まったく英語ができないわけではなく、すでに英語で仕事をしているものの、取引先や外国人上司とのコミュニケーションが思ったようにとれずに苦労している」「今後ビジネスで英語を使うことになりそうだけれど、自分の英語が通じるのかどうか不安」といったケースが多いようです。

　こういった悩みや不安の多くは、実は英語力不足のせいではありません。原因は、ビジネスシーンで使うべき英語を知らないことにあります。

　私がこのことに気づいたのは、私自身のキャリアと関係があります。自己紹介も兼ねて、ここで私のキャリアについて少しご説明したいと思います。

私は大学を卒業してから合計約22年間、外資系企業で働いてきました。ジャンルも多岐にわたり、証券会社、自動車メーカーのフォードを経て、消費財メーカーのジョンソンには財務マネージャーとして入社し、のちに財務部長となり、トータルで10年間勤めました。その後医療メーカーのアルコンで財務部長としてキャリアを重ねました。

　それから独立してビジネス英語に関する仕事をするようになり、現在に至ります。

　振り返ってみると、大学卒業後に働いた外資系証券会社では、外国人上司とのやりとりがうまくいかない場面も少なくありませんでした。それは当時の私が、アメリカ人との仕事で使うべき英語をまったく知らなかったからです。

　しかしながら主にフォード、ジョンソン両社での経験を通じて、私は「出世する人の英語」を、身をもって学ぶことになりました。

　さまざまな失敗や成功の経験を経て、今では「日本人が英語を使って仕事をするとき、何がボトルネックになっているのか」が手にとるようにわかるようになったのです。

　そして出世する日本人の英語と、出世できない日本人の英語には、明らかな違いがあることに気づいたのです。

多くの人が「英語で仕事をする」というときにイメージするのは、英語でのプレゼンテーションのようなシーンかもしれません。もしプレゼンを、そこそこ流暢（りゅうちょう）な英語でこなすだけでいいなら、いわゆる英語力を伸ばせば十分でしょう。

しかし英語で仕事をするとなれば、取引先との交渉、同僚や上司との業務上のやりとり、さらにはちょっとした雑談や人間関係作りなどで適切なコミュニケーションをとることが求められます。

そして、この「適切なコミュニケーション」は、いくら「英語力」を伸ばしても、なかなかできるようにはなりません。

多くの人がビジネス英語でつまずいているのは、「英語力」の不足のためではなく、アメリカ人に対して使う英語について無知であるためです。

ですから、私がこの本を通じてみなさんにお伝えしたいのは、ただのビジネス英会話ではありません。

もちろん、使い勝手のいいフレーズやビジネス英語の勉強法は追ってご紹介していきます。ですが、それだけで「英語を使ってビジネスをする」のは難しいことを、まずご理解ください。

アメリカ人の上司や部下、クライアントと仕事をするときに重要なのは、知っている英単語の数や文法の正確性などではありません。

　まず押さえるべきは、**アメリカ人のものの考え方や思考の癖であり、それに基づいた言動**になります。これを理解していないと、ちょっとした一言が相互に誤解を生じさせ、コミュニケーションを乱す大きな原因となります。

　とにかく最初にアメリカ人を理解することこそ、英語でビジネスをし、成功するための最短ルートなのです。

　本書では、「アメリカ人と英語で仕事をするうえで知っておきたい、アメリカ人のものの考え方」「アメリカ人の論理や思考習慣に合わせた、意図が伝わる英語の使い方」をご紹介することを主眼にしたいと思います。

　もちろん、英語はグローバルに使われていますから、「アメリカ人」にフォーカスするのは違和感があるという人も多いでしょう。

　しかし、グローバルなビジネスの世界に足を踏み入れている人は、アメリカ系企業に限らず、多くのアメリカ人に接するものです。

　また、アメリカに留学した海外のビジネスパーソンの多くは、アメリカ的な考え方やその英語の使い方を身につけているケースが多いといえます。

そして、私が多くの日本人ビジネスパーソンからご相談を受けてきて感じるのは、まさに「アメリカ人の考え方や英語の使い方」を知らないがために、英語に苦労しているケースが非常に多いということなのです。

　「ビジネスをスムーズに進めるために英語を使う」という目的からすると、英単語帳にかじりついたり、TOEICテストの点数にこだわったりするよりも、アメリカ的な価値観、アメリカ人のものの考え方を知ることのほうがよほど役立つでしょう。

　逆に言えば、アメリカ人のものの考え方の特徴などを押さえ、「どのような場面でどんな英語表現を使えば、アメリカ人に伝えたいことが伝わるのか」がわかってしまえば、実はビジネス英語はさほど難しいものではありません。英語が上達するスピードもぐんと上がります。

　このようなコンセプトのもと、本書は、まず第1章で「アメリカ人とはどういう人たちなのか」ということをご紹介します。日本人がイメージするアメリカ人と、実際のアメリカ人のギャップを知ることが、スムーズなコミュニケーションの第一歩になるはずです。

　続く第2章では、日本人の優秀なビジネスパーソンの

一部が、外資系企業で評価を受けられず、出世できなくなる理由について考えてみたいと思います。

意外なことに、日本企業で能力を非常に高く評価されていて、経験・実力とも申し分ないビジネスパーソンが、外資系企業で力を発揮できず、退職を余儀なくされるケースは少なくありません。これも、アメリカ人とどのようにコミュニケーションをとるべきなのかを知らないがために起きる悲劇といえます。

第3章では、アメリカ人との仕事をうまく進めるためのコミュニケーションのポイントをご紹介します。

ちょっとした言葉の交わし方、会議を進めるコツ、議論の進め方など「アメリカ人のルール」を知っていれば、多くの無用な衝突は避けられるようになります。

そして第4章では、アメリカ人に意図が伝わり、仕事がスムーズに進む英語の極意を、具体的な表現をたくさん盛り込みながらご紹介していきます。

たとえば、ビジネスシーンに頻出するシンプルな表現なのに、日本人がまったく知らず使いこなせていないものも一定数あります。

こういったものは一度押さえてしまえば、なんということもないものばかりですが、知らなければコミュニケーションが円滑に進まなくなります。

また日本人がうっかり使ってしまいがちで、相手にとっては非常に不快に感じる英語表現も少なくありません。すぐに役立てられる知識として、「避けるべき表現」と、その言い換えの例なども紹介したいと思います。

　第5章では、これからビジネス英語を身につけていく人のために、できるだけ時間や手間をかけずに「使えるビジネス英語」を学ぶための勉強法をご紹介したいと思います。
　英語を勉強しようという熱意があり、努力を怠らない人であっても、アプローチの方法を間違えれば、いつまでたっても「ビジネス英語ができるようになった！」と言えるようにはなりません。ビジネス英語は大学受験やTOEICでの点数獲得のための勉強とは、アプローチ方法がまったく異なるのです。
　みなさんが無駄な労力を費やしてしまわないよう、しっかりガイドしたいと思います。

　それではさっそく、「出世する人の英語」を身につけていきましょう！

構成　千葉はるか
DTP　美創

出世する人の英語　目次

まえがき　出世する人は「アメリカ人の本質」を知っている　3

第1章 あなたが知らない本当のアメリカ人　15

「服装」を見れば一発で「アメリカ人」とわかるワケ　16
アメリカ人のビジネスエリートはアメリカのことしか知らない　18
単語を3つ知っていれば「外国語ができる」と言うアメリカ人　21
意見がなくてもまずは手を挙げる、アメリカの子どもたち　23
アメリカ人は「発言すること＝貢献」と思っている　25
アメリカ人に「ちょっとご挨拶だけ」は通じない　28
アメリカ人は日本人より時間に厳格！　31
アメリカ人にとって地雷になりうる"Fair"　33
アメリカ人が最重要視する"Integrity"　35

第2章 こんな日本人は外資系企業で出世できない　39

「私は英語が苦手です」と言ってはいけない　40
なまりの激しいスペイン人教授、理解されなくても質問しまくるオーストラリア人　42
Sorry, sorryと繰り返す人は信頼されない　44
「言わなくてもわかるだろう」は通用しない　46
会議中の「後ろの席でヒソヒソ話」は厳禁　50
アメリカ人には「こんな質問をしてもOK?」という発想がない　53
「こんな質問をしてもいいのか」とためらわない　55
なぜ日本人は外資系企業にヘッドハントされても活躍できないのか　57

自信がなくても「できます」「やります」と言おう! 59
できなかったことはポジティブに捉える 61
「接客が悪い!」と偉そうに振る舞えば、人格を疑われる 63

第3章 こうすればアメリカ人との仕事が劇的にうまくいく! 67

キャラクターを変えて、お腹から大きな声で話す 68
ポジティブな雑談ネタを考えておく 72
自己紹介のときは、自分の実績を「自慢」する 75
就職・転職の面接では、堂々と自己アピールする 78
交渉はWin-Winになるよう「お土産」を用意する 81
交渉や報告では、できるだけ数字を使って伝える 84
会議では大事なことをきちんと決める 86
アメリカ人が「締切厳守」であることを知っておく 87
アメリカ人クライアントを気分よくさせる会話術 90
アメリカ人にとってフィードバックはとても大事 94

第4章 アメリカ人に伝わり、仕事がサクサク進む、英語の極意 99

「アメリカ人はストレートにものを言う」という誤解 100
"Please sit down."と言ってはいけない 102
同じ相づちを繰り返さない 107
"I understand."も使い方に要注意 110
アメリカ人を喜ばせる、「褒める技術」を身につける 115
文章は「型」を意識し、「PEEL方式」で書く 118
メールでは長々と書かず、要望や理由を端的に伝える 121

メールで伝えるより、直接会って話そう	129
就職・転職に役立つ自己アピール法&質問リスト	131
「食事に誘うとき」「誘われたとき」の便利な英語表現	136

第5章 使える英語を学ぶにはコツがいる! 141

「英語ペラペラになる」という幻想を捨てる	142
「基礎から勉強」「TOEICから」も失敗パターン	144
使う「場面」を考えれば、最短でビジネス英語をものにできる	145
4つのステップで身につけるべき英語を明確にする	147
ビジネス英語は「応用範囲」が広い	156
デキる上司や外国人を「真似る」のが近道!	159
「真似る勉強法」で急激に伸びる人は多い	162
「真似る」ときは「伝え方」も真似る	163
英語は「生涯かけて学び続けるもの」と気楽に構える	165
基本の文法は身につける	167
オンライン英会話を漠然と利用しても意味はない	169
語彙力アップに役立つ「身近な音読の教材」とは	171
リスニングは1つの教材を聞き倒す	173

終章 「バイリンガル」はすごくない! 177

早期英語教育は必要ない!	178

巻末付録 ビジネスシーンで頻出!
日本人が意外に知らない&わからない表現50選	181
あとがき	198

第1章 あなたが知らない本当のアメリカ人

「服装」を見れば一発で「アメリカ人」とわかるワケ

　転職や出向、異動などで初めてアメリカ人ビジネスパーソンと仕事をする立場になったとして、みなさんはどんなふうに相手をイメージするでしょうか？

　映画やドラマに出てくるアメリカ人ビジネスパーソンは、ウォール街で働く金融業界のエリートや、シリコンバレーで活躍するグローバルなIT企業のエンジニアなどが多いもの。おそらく、「スポーツジムに通って体を鍛え上げ、バリッとスーツを着こなして金融街を闊歩する姿」や、「おしゃれにカジュアルウエアを着こなし、最先端のオフィスで働く姿」などを想像するのではないかと思います。

　そして、そのイメージになんとなくコンプレックスを感じてしまい、「アメリカ人は英語について厳しいに違いない。少しでも間違った英語を使えば、馬鹿にされてしまうのではないか」と怯える人もいるかもしれません。

　しかし、そういった「カッコいいアメリカ人ビジネスパーソン」の多くは、日本人の幻想です。もちろん実在しないとは言いませんが、言葉を選ばずに言えば、**多く**

のアメリカ人のなかでも「上澄み」の人たちだと思っていいでしょう。

　もしみなさんに、メーカー等で働いているアメリカ人と接する機会が数多くあれば、日本人が一般にイメージするような「イケている人」などほとんどいないことに気づくはずです。

　ここで、思い切って言ってしまいましょう。
　映画やドラマに出てくるようなアメリカ人ビジネスパーソンは、大多数のアメリカ人の姿を反映しているとは言えません。それどころか、**アメリカ人は世界のなかでも「ダサい」**のです。

　私が外資系企業に勤務していた当時は、世界各国からグループ企業の社員が集まるイベントに出席する機会がたくさんありました。

　そういったイベントでは、服装を見れば男性でも女性でも、「あぁ、あの人はアメリカ人だな」とすぐにわかります。ヨーロッパのビジネスパーソンと比べると、圧倒的にファッションセンスが欠けていると言わざるを得ないのです。

　ファッションに関心が高いイタリア人ビジネスパーソンなどは、本当におしゃれなので会場でも目を引きます。一方、アメリカの中西部や南部のメーカー等から参

加している人たちは、スーツ姿もいまひとつ決まっておらず、カジュアルウエアも「ちょっとだらしないかな」と感じることが少なくありませんでした。

「アメリカ人は服装を見ればわかる。たいていのアメリカ人はダサい」などというのは、ビジネス英語を学びたい人にとって本質的な話ではありません。それは重々承知しています。

それでも私が最初にこんな話をご紹介したのは、理由があります。それは、日本人の多くがドラマや映画の世界で知った「デキるアメリカ人ビジネスパーソン像」にとらわれ、いらない緊張を感じているからです。

ここでまず、「**カッコいいアメリカ人**」**を頭から消し去りましょう**。アメリカ人を相手に仕事をするからといって、余計な緊張を感じる必要はないのです。

アメリカ人のビジネスエリートは アメリカのことしか知らない

アメリカ人の特徴といえるのが、「意外に視野が狭い」ということです。

欧州の場合、周辺国と地続きだという地理的な背景もあり、国をまたいだ交流が活発です。言語も文化も多様であり、その多様さを前提として、さまざまな国の人々

がコミュニケーションをとりながら、ビジネスを展開しています。自ずと視野が広くなる環境にあるわけです。

ではアメリカはどうかというと、これもみなさんがご存じの通り、「人種のるつぼ」といわれるほど多様な人人が国家を形成しています。

しかし、多様な価値観が受け入れられているかというと、必ずしもそうとは限りません。どちらかというと、「世界はアメリカを中心に回っている」という意識を持っているビジネスパーソンが多い印象です。「アメリカこそナンバーワン！」「アメリカ万歳！」というわけです。

こういった意識が根底にあるからか、アメリカ人エリートは「わざわざ海外に出て、苦労する必要はない。アメリカ国内で州をまたいで広く活躍できるのが、エリートの理想の姿」と考えている人が多いように思います。

日本人は、「グローバルに活躍するビジネスパーソン」と聞けば、北米、欧州、アジア、オセアニア、南米などさまざまな地域で国境をまたいで働くことをイメージする人が多いでしょう。ですがアメリカ人エリート層には、このようなイメージはないのです。

もちろん、グローバル展開している米国企業などでは、エリート層が昇進していくためには海外経験を求め

られますし、実際に海外グループ会社で勤務する機会をもらう「エリートの卵」も少なくありません。

しかし、アメリカ人のマネジメント層が部下を海外に送るとき、行き先はたいていの場合、イギリスかオーストラリアです。どうも、「サラブレッドを育てるなら、英語が通じ、文化的にある程度近い国に行かせよう」という意識があるようです。アジアなどに行かせて現地に馴染めなければ、キャリアに傷がつくおそれがあると考えているのでしょう。

そうやって2年ほどイギリスなりオーストラリアなりで経験を積ませ、「海外のビジネスもわかった」ということにしてしまうわけです。

念のために補足すると、これはかなり大ざっぱに全体像を捉えた解説です。

アメリカ人ビジネスパーソンを1人ひとり見ていけば、なかにはハングリー精神旺盛で「成長市場であるアジアで成功してみせる」と新興国に乗り込む人もいます。日本などアジアの国々に好意を持ち、日本語を勉強しているアメリカ人もたくさんいます。

しかし、全体的な価値観として、やはりアメリカ人にとって、「世界の中心はアメリカ」です。

アメリカ人ならグローバルなビジネス感覚を持っているだろうと期待すると、その視野の狭さに、「こんなは

ずではなかった」とびっくりすることもあるでしょう。

アメリカ人と仕事をするときは、グローバルスタンダードを意識するより、アメリカならではの「ローカルルール」を意識したほうが、仕事がスムーズに進むといってもいいかもしれません。

単語を3つ知っていれば「外国語ができる」と言うアメリカ人

私が昔、会社の同僚のご主人にパーティーで会ったとき、「私の仕事はフィットネス・ジム経営で、自分はダイエットコーチだ」と言うのを聞いてびっくりしたことがあります。その中年アメリカ人男性は、とてもダイエットを人に教えられるとは思えないような、でっぷりとした体形だったからです。

しかし、よく話を聞くと、彼は自分のジムでマイナス10キロの減量に成功した経験があるのだと言います。「10キロも体重を落とせたのだから、その方法を教えればいい」というわけです。

日本人の感覚では、理想とはかけ離れた体形なのに、ダイエットコーチができるなどとは思わないでしょう。

しかしアメリカでは、多少なりともダイエットで成果を上げた実績があれば、「ダイエットのプロ」を名乗っ

てよいと考える、彼のような人がたくさんいます。

　こういった例は１つや２つではありません。
　たとえば、私が留学中の気分転換にカルチャースクールでアメリカンスイーツの作り方を習っていたとき、周囲の人から「あなたは日本に帰ったら、ニューヨーク流アメリカンスイーツのスクールを開講して、日本人に作り方を教えればいい」と言われて、びっくりしたことがあります。趣味でほんの少しかじった程度なのに、日本に帰ってビジネスにできると言われたわけですから、なぜそういった発想になるのか最初は理解に苦しみました。
　しかし、長くアメリカ人と接しているうちに、私はアメリカ人の自己肯定感の強さ、ポジティブな思考を理解するようになりました。
　アメリカ人というのは、たとえばフランス語の単語を３つ知っていれば、「私はフランス語ができる」と言う人たちなのです。

　日本人なら10できなければ「できる」とは言えないようなことを、アメリカ人は0.5できれば、「自分は経験者である」「十分にできる」「チャンスをつかむための武器になる」というふうに捉えます。
　謙虚を美徳とする日本人からすれば違和感があります

が、これはよし悪しではなく、発想の違いなのでしょう。

　このことを頭の片隅に置いておかないと、アメリカ人が自信満々な態度でいる理由が理解できず、不快な思いをしたり、アメリカ人の「それなら私がやれますよ」という言葉を信じてひどい目にあったりということになりかねませんから、くれぐれもご注意を。

意見がなくてもまずは手を挙げる、アメリカの子どもたち

　よく知られていることですが、アメリカでは子どもの頃から授業などでディベートが行われています。学校の授業も、先生の話をただ聞いていればよいわけではなく、子どもたちは積極的に自分の意見を述べることが、よしとされています。

　MBA取得などのためにアメリカに留学したビジネスパーソンは、こうしたアメリカの文化のなかで鍛え上げられた学生たちと議論を戦わせるわけですから、なかなか大変です。

　みなさんも、周囲の人から「アメリカ人は議論に強いので、相手にするのが大変だ」などと聞かされたことがあるのではないでしょうか。

確かに、アメリカ人が議論に強いというのは間違いありません。

しかし、だからといってアメリカ人のビジネスパーソンが日本人より優秀であるとか、論理的であるというふうに考えるのは正しいとは言えません。

端的に言えば、アメリカ人は「議論の手法」を知っているだけだからです。

日本人ビジネスパーソンとしては、まずアメリカの子どもたちがどのように「議論の手法」を身につけているのかを知っておきましょう。それが、アメリカ人の思考や言動を理解することにつながります。

では、アメリカの子どもたちはディベートの場でどのような指導を受け、どう振る舞っているのでしょうか？

私の子どもがインターナショナルスクールに在籍していたときに、授業の様子を見ていて気づいたのは、「子どもたちは、自分の意見を言いたくて手を挙げているわけではない」ということです。

みなさんは、そう聞くと不思議に思われるでしょう。「手を挙げるのは、自分の意見を言うためではないのか？」と。

実はそれこそが、「議論の手法」を知るアメリカ人と

日本人の違いです。

　アメリカの子どもたちは、たとえ自分の意見がまとまっていなくても、とりあえず手を挙げます。もし先生に指されたら、それまでに出ていた意見に対して、まず「反対である」ということを述べ、その理由を添えます。
　子どもたちがこのような行動をとるのは、議論においてイニシアチブをとることが最優先だからです。とにかく手を挙げ、発言することで議論を引っ張っていく役割を担うことこそ重要なのです。

アメリカ人は「発言すること＝貢献」と思っている

　アメリカの中学生が受けているディベートの訓練では、子どもたちがAチームとBチームに分かれ、議題について「Aチームは賛成」「Bチームは反対」というように、最初から立場を明確にして行うこともよくあります。
　つまり子どもたちは、自分の意見を言うのではなく、賛成あるいは反対という「あらかじめ決められた立場」で、その立場を補強するように発言する訓練をしているわけです。

自分の意見を述べるというのは、どのような場面でも、そう簡単なことではありません。おそらくアメリカの子どもたちも、「自分の意見をよく考えて発言しなさい」と言われれば、考え込むのではないかと思います。

しかし賛成、反対の立場に「なり切って」議論を展開できればよいということであれば、これはゲームで勝ち負けを競うようなもの。発言すること自体は、そう難しくありません。

実際、私が英語を指導しているビジネスパーソンの方々も、ある議題を設定して「Aさんは賛成の立場で3つ理由を言ってください」「Bさんは反対の立場で3つ理由を言ってください」と言うと、ちょっとゲーム感覚の面白さもあり、スムーズに議論を進めることができます。

つまり「発言する」ことを目標にするなら、意識の持ち方と訓練次第でどうとでもなるものなのです。

アメリカ人のこのような態度は、子どもの頃からあらゆる場面で形成されており、企業のなかで行われる会議においても、同様の傾向が見られます。「まず手を挙げて意見を言う」という反射神経が鍛え上げられているのです。

日本人は、アメリカ人がそういったトレーニングを受

けていることを知り、場合によっては発言によりイニシアチブをとりにいくことも必要です。

もしアメリカ人との会議に参加し、発言の機会を一度も得られなければ、あなたはその場にいなかったのと同然の扱いを受けることになるでしょう。

なお、子どもたちが受けているディベートの訓練では、どの意見がより説得力があったかを先生が評価します。しかし、これで勝ち負けを決めるのが目的ではありません。

ディベートの最後には、互いに相手をたたえ、「Ａさんのこの意見がよかった」「Ｂさんのこの意見には頷かされた」などと褒め合って終了するのが一般的です。

これは、ディベートではお互いの意見をぶつけ合い、いかによりよい結果を生み出すかが重視されているためです。

つまり、ディベートで意見を言うことは、「その場にいる人たちが知恵を出し合って、よりよい結論に到達する過程に貢献すること」なのです。

このようなアメリカ人の態度は、ビジネスシーンでも見られます。どんなに激しく交渉でやり合っても、最後は握手で終わるという精神が育まれているのです。

また、会議や討論の場では、イニシアチブをとること

だけでなく、「よりよい結論を導くために貢献しているかどうか」が重視されます。

このことをわかっていないと、激しい交渉のあとに悪い空気を引きずってしまったり、議論を建設的な方向に持っていくことができず、信頼を損ねたりする可能性がありますから、注意が必要です。

アメリカ人に「ちょっとご挨拶だけ」は通じない

日本では、「ちょっとご挨拶だけ……」と取引先に立ち寄って雑談をするのは、めずらしい光景ではないでしょう。

また、これから仕事をしていく相手と初めて会ったときは、その日の会話がすべて緊張をほぐすためのアイスブレイクのための内容になることもよくあります。

「まずは顔合わせをして、詳しい話は次回以降、進めていきましょう」

こんなやりとりは、だれしも経験したことがあるのではないでしょうか。

しかし、こうした行動はアメリカではまったく理解されません。

「ちょっとご挨拶だけ……」をアメリカ人相手にやって

しまえば、不興を買うおそれもあります。

　アメリカでは、ビジネスパーソンがお互いに時間を確保して会っている以上、その面談によって何かしら成果を上げたり、合意形成したりといったことが求められます。
　もちろん、アメリカ人も面談の冒頭ではアイスブレイクの会話をします。この点は、日本人ビジネスパーソンよりたけていると言ってもいいほどです。
　しかし、アイスブレイクがずっと続くことはありません。必ず「では本題に入りましょう（Well, let's get started.）」といったフレーズをはさみ、その日のテーマに移ります。
　さらに言えば、「今日はご相談したいことが3つあります（Today, there are three topics that I would like to talk with you about.）」というように、その面談の目的を最初に明言するのが一般的です。
　日本人の場合、商談や打ち合わせ等の場面では、アイスブレイクからじわじわと本題に移り、重要な話は最後にする、ということもあるでしょう。
　この点、アメリカ人は本題に入ったら、「最も重要な話」からスタートすることが多いのも、特徴と言えます。

このような違いが生じる背景として私が感じているのは、ビジネス全般において**「アメリカは予習型、日本は復習型」**だということです。

日本では多くの場合、面談するときは「まず相手の話を聞き、要望を持ち帰って検討しよう」と考えます。これが「復習型」です。

一方アメリカでは、事前に「どんな結論を出すのか」を想定し、そのための準備をしたうえで面談に臨みます。そして、面談の時間をとった以上は、必ず求める結果が出るように話を進めます。これが「予習型」です。

「予習型」のアメリカ人を相手に、「持ち帰ってあとで検討すればいい」という「復習型」の態度で面談に臨めば、相手の期待を大きく裏切ることになるでしょう。

アメリカ人にとって「会って話す時間をとる」ということの価値は非常に高いと考えてください。

そもそも、日本では東京のようなコンパクトな都市に人々が集まって働いていますが、非常に広大な国土を持つアメリカでは、移動による時間の損失が発生しやすく、「直接会う」ことの重みが違うことも意識したいところです。

「予習」をせずに時間をとらせるのは、アメリカ人相手にはご法度なのです。

なお、本当に「たまたま近くに来たので、挨拶に立ち寄った」という場合、アメリカ人にはそのことを意識的にはっきりと伝える必要があります。
　そうしないと、「何をしに来たのかわからない」「あの人と会うのは時間の無駄だ」というふうに受け止められかねません。
　挨拶だけのつもりでも、「次回は改めて○○の目的のために時間をとっていただきたい」などと伝え、次の面談にスムーズにつなげる工夫もしておきたいところです。

アメリカ人は日本人より時間に厳格！

「日本人は時間に厳格だ」と考えている人は多いと思います。しかしアメリカ人からすると、日本人は時間に対する感覚が甘いと思う場面が多々あることをご存じですか？

　実はアメリカ人は、ある意味では日本人より時間に厳格です。
　日本人との大きな違いをわかりやすく言えば、「**アメリカ人は、会議の開始時間よりも、終了時間を守ることに厳しい**」のです。

一般に、日本では会議の開始時間に理由なく遅刻することは許されませんが、会議が長引くのは、さほどめずらしいことではないでしょう。
　一方、アメリカ人は、事前に決めていた時間の範囲内で、必ず会議を終了します。
　彼らにとって、時間管理ができるということは、すなわち「決められた時間内に成果や結果を出すこと」です。日本人のように、だらだらと会議を続けるようなやり方は、「時間管理ができていない」とみなされてもおかしくありません。

　「決められた時間内に成果や結果を出す」ことを重視するアメリカ人は、他人の時間を大切にすべきだという意識も強く持っています。

　たとえば日本の会社では、仕事中に上司から「ちょっといい?」などと声をかけられたら、よほど取り込み中でもない限り、仕事の手を止めて上司のところに行くでしょう。そして、そこから30分や1時間ほどの打ち合わせに入ったとしても、だれも驚かないのではないでしょうか。
　一方、アメリカ人は「ちょっといい?」などと言って、相手の時間を奪うことはしません。もちろん立ち話

ですむ程度の質問などをすることはありますが、座ってじっくり話す必要がある用件であれば、必ず相手にアポイントメントをとります。

相手には相手が組んだスケジュールがあり、それに沿って仕事をしているという前提が共有されているのです。

アメリカ人とのビジネスでは、相手の時間を大事にする感覚を持ってください。

同僚相手であっても、用件があったら必ずアポイントメントをとり、予定の時間内できちんと終わらせることを心がけましょう。

日本人同士と同じ感覚で「ちょっといい？」などと相手を拘束してしまうと、アメリカ人から不興を買うことになりかねないのです。

アメリカ人にとって地雷になりうる "Fair"

アメリカ人が「Fairであること」を非常に重視しているというのは、みなさんもどこかで聞いたことがあるのではないかと思います。

Fair は「公正な」「公平な」「正当な」などと訳されます。日本で「公平さ」「公正さ」をつねに意識してい

るという人はそれほど多くないかもしれませんが、多くのアメリカ人は、子どもの頃からFairであることを意識して育っています。

日本人が思う以上に、Fairであることには重い意味があるので、この言葉を使うときは十分な配慮が必要です。

たとえば仕事中に、アメリカ人相手に「あなたはFairではない」と言うのは、相手の人生をまるごと否定するのに等しいことです。そのような発言をすれば、相手から激しく反論されるだけでなく、人間関係にもヒビが入るおそれがあります。

あるとき、日頃からアメリカ人上司との折り合いがあまりよくなかった日本人男性の同僚が、上司に「あなたはFairではない」と言ってしまったことがあります。同僚は、その上司が急に仕事の締切を早めてきたうえ、間に合わなかった責任を一方的に負わされたと感じ、軽くクレームを言いたくて、そのような言葉を口に出してしまったようです。

このアメリカ人上司は、日本人男性の部下から批判的なことを言われるのには慣れていて、そのたびに言い返していました。

しかしながら、「Fairではない」と言われたこのとき

ばかりは別でした。

応戦する意欲も湧かないくらいショックを受けていて、その悲痛な表情は今でも忘れられません。

アメリカ人が最重要視する"Integrity"

同様に、アメリカ人にとっての重要性を知っておくべき言葉に、"Integrity"があります。

Integrityは、辞書では「高潔」「誠実」「清廉潔白」などと訳されますが、これだけではIntegrityの本来の意味はわかりにくいかもしれません。

イメージが近いのは、「言動が一致している」「一本筋が通っている」といった表現です。より細かく説明すると、「どんなときでも、だれも見ていなくても、正しい判断や正しい行いができる強い姿勢」……という感じでしょうか。

たとえば仕事上のことについてIntegrityであるというのは、「上司がなんと言おうが、会社の体制がどうであろうが、自分が正しいと信じる行動ができる」ということになるでしょう。

Integrityは、たとえば採用面接の場で、アメリカ人に「あなたが最も大事にしていることは何ですか?」と

尋ねたときに、よく出てくる言葉です。社長就任演説などでも、Integrity という単語が登場することは少なくありません。

このような使われ方を見ても、Integrity がアメリカ人にとって大切な姿勢なのだということがうかがえます。

しかし、そのことを心から理解できている日本人は、あまり多くないようです。

実は私自身、外資系企業で働いているときに、アメリカ人の上司から「あなたは Integrity をわかっていない」と指摘された経験があります。

それは、私が採用面接を担当していたときのことでした。面接を受けた人について、上司から「彼に Integrity があるかどうか、面接で確認した？」と尋ねられたのです。

私は面接で Integrity という言葉を使って質問をするなど、それについて深く突っ込んで確認していませんでした。

しかし、ほかにさまざまな質問をしていましたから、上司にそのことを詳しく説明しました。彼は Sincere（正直、誠実）な人であるとか、募集職種に必要な経験があり、仕事に対する情熱があり、人柄もよいといったことを面接での会話をふまえて伝えたわけです。

ところが上司はまったく納得しませんでした。面接では、さまざまなビジネス状況を提示し、候補者がどのような判断をくだすのかを見て、一貫性や高潔さといったIntegrityを確認すべきだった、と言うのです。

　その後、私は上司から「アメリカ企業が重視するIntegrityについて、しっかり理解を深めてほしい」と言われ、同僚や部下とIntegrityについてさまざまなビジネスケースを読みながら理解を深めるミーティングを月1回、半年間にわたり行うことになりました。

　この機会を通じて、私はアメリカ人がいかにIntegrityを重要視しているのか、身をもって知ることになったのです。

　みなさんにお伝えしておきたいのは、アメリカ社会では、組織にとっても個人にとっても、Integrityが非常に重要だということです。

　先ほどご説明したFairと同様、言葉の使い方にはくれぐれも注意しましょう。もし「あなたはIntegrityに問題がある」というようなことをアメリカ人相手に言ってしまえば、おおごとになりかねないのです。

第2章 こんな日本人は外資系企業で出世できない

「私は英語が苦手です」と言ってはいけない

第2章では、日本人がアメリカ人と仕事をするとき、うっかり言ってしまいがちなNG表現、下手をすると外資系企業において「出世できなくなる原因」になる言動について解説したいと思います。

最初に「これだけは言ってはいけない」という言葉を1つ挙げたいと思います。それは、「私は英語が苦手で申し訳ありません（I am sorry that I'm not good at English.）」といった、相手に対する断りの言葉です。

日本人ビジネスパーソンのなかには、英語でプレゼンをするときなどに、冒頭で「私は英語が得意ではないのですが……」と断りを入れる人がたくさんいます。

「発音が悪くて、もし相手が自分の話を聞き取れなかったら……」などと考え、気遣いとして一言添えているのだと思いますが、このような発言はプレゼンを失敗させる要因になりかねませんから、避けるべきです。

なぜ「英語が得意ではない」という表現がダメなのかというと、アメリカ人は「自信がなさそうな人」を信頼しないからです。

第1章でご紹介したように、アメリカ人というのは太

っていても、「ダイエットコーチだ」と名乗れるほど、つねに自信に満ちあふれている人たちです。

「前向きでポジティブであること」をよしとする文化を持つ彼らからすれば、「堂々としていない」「自信がなさそうだ」というのは、信頼を損ねるのに十分な理由になります。

ですから、プレゼンの最初に「私は英語が得意ではない」などと言えば、「そんなに自信がない人の話など聞きたくない」「自信のない人の話を聞くのは時間の無駄だ」と思われてしまいかねないわけです。

プレゼンの内容がどんなに素晴らしくても、第一印象が悪ければ、内容に対する評価は低くなりがちです。

「でも、やっぱり英語に自信がないんだけど……」という場合は、言い方を変えましょう。

たとえば「私の発音はクリアではないかもしれません。質問があれば、いつでも止めてください（My accent may not be clear. Please stop me anytime if you have questions.)」と、自信を持ってきっぱり言えばいいのです。

この「英語に自信がないんだけど……」というお悩みについて、もう少しつけ加えると、日本人は英語の表現や発音等について「相手に何かネガティブなイメージを

与えるのではないか」「揚げ足をとられるのではないか」といったことを、過剰に心配する傾向があるように思います。

しかし、繰り返しご説明しているように、最も重要なのは、「堂々とした自信を持った態度」でいることです。

アメリカ人に対して、ビクビク怯えているのは一番ダメな状態と言ってもいいでしょう。

もしあなたが用意したプレゼンの内容が、十分に準備された自信のあるものであれば、相応の態度で臨むべきなのです。

なまりの激しいスペイン人教授、理解されなくても質問しまくるオーストラリア人

グローバルに活躍するビジネスパーソンの発音には、いろいろなアクセントがあります。英語が公用語であっても、オーストラリア、インドやシンガポールなどの英語は、特有のなまりやイントネーションがあって、非常に聞き取りにくいことをご存じの方も多いはずです。スペイン語圏の人たちの英語も、母国語の影響をかなり受けています。

しかし、彼らは自分の英語の発音がどうであれ、ビジネスの現場で、それを謝るなんて発想はありません。で

すから日本人の英語の発音も、まったく謝る必要はないというのが私の意見です。

　私がビジネススクールに留学していた当時、経済学を教えるスペイン人教授の英語が、スペイン語なまりが強いうえに早口で、非常に聞き取りにくかったことがあります。当時、彼はおそらく30代。アメリカのビジネススクールで教えるくらいですから、とても優秀でエネルギッシュな授業でした。しかし彼が熱くなればなるほど、話についていくのが本当に大変で、これにはアメリカ人もかなり苦労していました。

　成績は就職活動にも影響するので、「言っていることが聞き取れない」ではすまされません。このため、教授への授業評価には、「もう少し英語をなんとかしてほしい」との辛口フィードバックを入れるアメリカ人学生が多かったようです。

　それに対して、スペイン人教授は笑って「Sorry, I've been doing my best.（ごめんね、でもこれ以上は無理）」で片づけていました。

　このとき私は、アメリカ人に媚びることなく、自分の授業に自信を持つ彼の姿を頼もしいと感じたものです。

　また、海外で開催されたセミナーに参加したときの経験ですが、アメリカ人のプレゼンターに対するオースト

ラリア人の質問を、プレゼンターが何度聞いても理解できないことがありました。アメリカ人のプレゼンターは、オーストラリアなまりの英語に慣れていなかったようです。

結局、その場にいたイギリス人が通訳をしてくれました。みなさんもご存じかもしれませんが、オーストラリア英語は、アメリカ人よりもイギリス人のほうが聞き取れるのです。このように、英語圏同士のコミュニケーションでも、通じないことはあります。

一般的な日本人は、グローバルな会議で質問して相手に意図が伝わらなかったら、その会議では二度と質問する勇気が出ないでしょう。しかし先のオーストラリア人は、ひるむことなく、その後も何度も質問し、そのたびにイギリス人が助けていました。グローバルに活躍するビジネスパーソンは、たくましいのです。

Sorry, sorryと繰り返す人は信頼されない

似た話として、日本人はさまざまな場面でSorry, sorryと繰り返すのですが、これもきっぱりやめたほうがいいでしょう。

日本人からすると、Sorryと言うのは「すみません」

と言うのと同じ感覚なのだと思います。
　「すみません」は、ちょっと声をかけたいとき、軽いお詫(わ)びを伝えるときなど、さまざまな場面で使える便利な表現です。しかし、同じような表現だと考えてSorryを連発すると、相手から「この人は自信がなさそうだ」と判断されてしまいかねません。
　ここで知っておきたいのは、アメリカ人は謝る対象がはっきりしない、また責任の所在がはっきりしない状況では、簡単にSorryと言って謝ったりしない、ということです。
　ですから、日本でなら「すみません」と軽く言っておきたい場面で、安易にSorryと口にすれば、アメリカ人の感覚では「謝ってばかりいる、自信がなさそうで信頼できない人」ということになりうるのです。
　「郷に入っては郷に従え」という言葉があります。
　アメリカ人に対しては、日本人的な美徳を捨て、安易にSorryを連発しないよう注意しましょう。

　ところでアメリカ人も、明らかに自分がミスや勘違いをしたとき、人にぶつかりそうになったときなどは、Sorryを自然に使います。そういった状況では、むしろ日本人のほうが何も言わない人が多いように思います。
　ただし、その場合もSorryは、１回でOK。Sorry, sorryと２回繰り返す必要はありません。

ちなみに、途中に r が2つ入る Sorry は、R と L の区別が苦手な日本人には発音が難しい単語の1つです。アメリカ人から聞いた話では、日本人の Sorry は、アメリカ人には Solly と聞こえてしまうことも多いそうです。

　少々乱暴な説明ですが、Sor（ソ）と ry（リー）の両方にアクセントを置いてソーリーと長音にするのではなく、Sor（ソ）にアクセントを置いて、全体を短くソリィと発音すると、正しいものに近づきます。

「言わなくてもわかるだろう」は通用しない

　日本人は、空気を読むことにたけています。日本人同士のコミュニケーションは、言葉にしなくても伝わることが多いと言えるでしょう。

　たとえば、会話中に眉をひそめたり、浮かない顔をしていたり、何か言いたそうな表情を浮かべたりしていれば、「不満があるのではないか」「まだ納得していないのかもしれない」などと気持ちを汲んでもらえるものです。

　一方、アメリカ人との英語でのコミュニケーションに

おいては、「言わなくてもわかるだろう」というのは、まったく通用しません。

　もちろんアメリカ人も相手の表情を読まないわけではありませんが、日本人との大きな違いは「不満があったり納得していなかったりすれば、そう言ってくれるはずだ」という前提に立ってものごとを考えることです。

　彼らは私たちが言葉にして伝えない限り、たとえ「もしかして……」と思っても、勝手にこちらの気持ちを忖度したりはしないのです。

　アメリカ人と仕事をする場合には、「アメリカ人には言わなければ何も伝わらない」と考えておいたほうがいいでしょう。「ちょっと言いにくいな」と感じるようなことであっても、言うべきことははっきり言うようにしてください。

　たとえば、アメリカ人の上司から「この仕事、来週までにできる？」と尋ねられたとしましょう。

　このとき、「もしかしたら間に合わないかもしれないけど、できないと言うのも気が引けるし、とりあえず難しそうな顔をしておこう」といった対応は、NGです。

「別の仕事を抱えており、来週までに終わらせるのはちょっと無理です。再来週の水曜日まで時間をいただけないでしょうか？（It might be a bit difficult due to other assignments. Is it possible to have extra days until the Wednesday after next?)」

「今、進行中の案件をあと回しにして再来週に提出するのでよければ、この仕事を来週までに終えられます（I will be able to finish this by next week if it is okay to move another ongoing project to the following week.)」

といったように、状況を明確に伝えましょう。

繰り返しになりますが、「上司は私が今抱えているプロジェクトで忙しいのは知っているし、来週までに別の仕事を終えるのが難しいことは察してくれるはず」といった思い込みは非常に危険です。

もちろん、ただ「できません」と言うのではなく、**「どうすればできるのか」を伝えるポジティブな言い方を心がけること**も大事です。

別のケースも考えてみましょう。

小さい子どもを育てながら働いている人の場合、子育てと仕事の両立で非常に忙しい状況に陥るのは当たり前のことです。日本の企業であれば「あの人は子育て中だから……」と周囲が配慮してくれることもあるかもしれません。

第2章　こんな日本人は外資系企業で出世できない　49

　しかしアメリカ人と仕事をする場合、「私が忙しいことくらい、わかってくれているはず」と考えてはいけません。

　たとえばアメリカ人の上司に対しては、

「私は17時には、子どもを迎えに行かなければなりません。仕事は16時半までに終わらせる必要がありますので、今日中に終える必要がある急ぎの仕事があれば、早めに教えていただけると助かります（I am going to pick up my child at five o'clock today. So, I need to leave here at four thirty. I would appreciate it if you could let me know early for any urgent task which needs to be done today.）」

　あるいは、

「私の年老いた母が体調を崩し、様子を見に行かなければなりません。今日の仕事は、明日早く出勤して終わらせるようにしてもよいでしょうか？（My elderly mother doesn't feel well, and I need to see her today. May I come to work early tomorrow and catch up the work?）」

　などのように、理由を添えてしっかり伝える必要があ

ります。

　日本では、お互いに空気を読み合うのが一般的なので、こういったことを口にするのははばかられると感じる人が多いことでしょう。「自分の個人的な事情を持ち出すのは気が引ける」と思うのは、日本人として自然な感情だと思います。

　しかし、アメリカ人相手のときは「言わなければ伝わらない」のです。**理解してほしいことは、すべて言葉にして伝えるようにしないと、うまくコミュニケーションがとれません。**

　逆に、アメリカ人はこちらが自己主張をしたからといって、気分を害することはありません。なんらかの事情があれば、遠慮なく伝えるようにしたほうがいいでしょう。もちろん、感謝の気持ちをきちんと言葉にすることも忘れないでください。

会議中の「後ろの席でヒソヒソ話」は厳禁

　たとえばあなたが今、アメリカ人と日本人が参加する会議に出席しているとしましょう。会議の最中、アメリカ人の英語の発言でよく理解できないところがあった場合、英語が得意な日本人にヒソヒソと「今、彼は何と言

ったの?」などと尋ねることはありませんか?
　これは、アメリカ人を相手にやってはいけないことの1つです。

　会議などお互いに意見を表明し、議論を進める場においては、「言いたいことや不明点があれば、堂々と全員の前で発言すべきだ」というのが、アメリカ人の基本的な考えです。
　先にも触れたように、会議では「よりよい結論を導くことに貢献する」行いが求められます。ヒソヒソ話は、このような場ではNGなのです。特に、組織として最終的な利害関係が一致するはずの社内会議では避けるべきですし、社外の取引先などとの会議でも、相手は非常に不快に感じるはずです。

　実は私自身、この「ヒソヒソ話」をして、アメリカ人から苦情を言われた経験があります。
　それは、アメリカ人と日本人が出席する社内交渉の場でのことでした。交渉中に確認したいことがあり、日本人の同僚と日本語でヒソヒソ話をしたところ、相手方のアメリカ人から「いったい、何の話をしているんだ」と詰問されてしまいました。おそらく、お互いに意見を述べて議論を進めるべき場面でコソコソ「作戦会議」をしているように見え、Fairではないと感じられたのでは

ないかと思います。

　繰り返しになりますが、アメリカ人と一緒に仕事をする場合、会議や交渉の場では意見や疑問を堂々と言うべきであり、コソコソ「作戦会議」をするのはご法度です。
　しかし、こういった場面では「今の英語が聞き取れなかった」など、どうしても日本語で確認したいことが出てくるケースもあるでしょう。そのときは、どうすればいいのでしょうか?

　もしリスニングに不安がある場合は、相手にそのことをあらかじめ伝えておきましょう。
　たとえば会議の最初に、
「会議中にリスニングが難しい場面では、アシスタントに通訳をお願いすることがあります。ご了解ください(I may need to ask my assistant for the translation during the meeting. I would appreciate your understanding if it happened.)」
と一言添えておけば、相手も事情を理解してくれるはずです。
　事前に断りを入れていないときに、会議中にどうしても身内で相談したいことが出てきた場合も、コソコソ話をする前に一言、「すみません、ちょっと日本語で確

認したいことがあります（Excuse us, we have to confirm a few things in Japanese.)」などと添える配慮を忘れないようにしてください。

アメリカ人には「こんな質問をしてもOK?」という発想がない

　アメリカ人から見た日本人ビジネスパーソンの評価が低くなる原因の1つに、会議でほとんど発言しないことが挙げられます。

　おそらく、外資系企業で働いたりアメリカ人と会議をしたりする機会がある人であれば、「会議で発言しないと、仕事で相手にしてもらえない」という認識はあるのではないかと思います。それがわかっていても、なぜ会議で発言できないのでしょうか？

　「日本人はアメリカ人同士が交わすような議論に慣れていないからだ」という意見もありますが、私は、大きな原因は「日本人は質問が苦手だから」だと思っています。

　アメリカ人相手に「会議で発言しない」ということは、その場で交わされた議論についてすべて理解し、出た結論に合意したことになります。

　しかし、真面目に会議に参加していれば、しかもそれ

が不慣れな英語での会議であれば、疑問が1つも生じないことは考えにくいでしょう。感じた疑問をどんどん質問することは、会議を活性化させ、「会議で発言しないダメな日本人」という不名誉な評価を受けるのを防ぐことにもつながります。

　ここで問題になるのは、日本人が会議で質問をする場合、その質問が適切なものかどうかを考えてしまうことです。
「今、議論している問題と関連が薄いことを質問したら、議論の流れを止めてしまって迷惑かもしれない」
「そもそも、こんなことを質問したら馬鹿だと思われるのではないか……」
　少しでもためらいを感じたら、質問するのをやめるという人が多いのではないかと思います。

　この点について、明確にしておきたいことがあります。それは、アメリカ人には「こんな馬鹿な質問をして大丈夫だろうか」といった発想そのものがない、ということです。
　もしみなさんが実際にアメリカ人との打ち合わせや会議、商談などの場に出る機会があったら、彼らの発言に注意して耳を傾けてみてください。おそらく、
「今、そんなことを聞くの？」

「これまでの議論を、その前提知識がないまま聞いていたのか!?」

などと驚かされることが少なくないはずです。

原則として、アメリカ人が相手の場合、疑問に思ったことは何でも聞いたほうがいいのです。

「こんな質問をしてもいいのか」と ためらわない

日本人的な発想で「こんなことを聞いていいのだろうか」とためらう瞬間があったら、すかさず「いや、何でも質問して構わないはずだ」と頭を切り替え、どんどん質問するのがおすすめです。これくらい思い切らないと、発言のタイミングを逃してしまいます。

相手の発言の意味がよくわからなかったときなども、「自分のリスニング力が低いからでは……」などと卑下せずに、どんどん質問しましょう。

「今、正しく理解できているかどうか確認したいです。もう一度おっしゃっていただけますか？（I just want to confirm my understanding. Could you say that again?）」

「もう一度、違う表現で説明していただけませんか？ (Could you explain that again in a different way?)」

などと言えばOKです。

それでも「馬鹿だと思われそうで怖い」という慎重な方もいるかもしれませんが、心配することはありません。アメリカでは、プレゼンテーションなどの質疑応答では必ず、「馬鹿な、もしくはズレた質問」が出るものだからです。

なぜこう断言できるのかというと、アメリカではプレゼン技術の一環として、「プレゼンで予期せぬ質問をどうかわすか」が指導されているからです。

つまりアメリカのビジネスシーンでは、おかしなズレた質問が出ることを想定し、プレゼンの趣旨から話が逸れないようにするための技術を学んでおかなければならないほど、予想もつかないような質問が飛び交っているのです。

アメリカ人と仕事をする際は、「質問すること」のハードルを「日本人基準」から「アメリカ人基準」にぐっと引き下げ、疑問をどんどん口にするようにしましょう。

なぜ日本人は外資系企業に
ヘッドハントされても活躍できないのか

　日本の企業で十分な実績を積んだ方が、外資系企業に転職するケースは少なくありません。しかし私は、実務経験が豊富なのに外資系企業でまったく活躍できず、出世できないまま終わってしまう人もたくさん見てきました。

　なぜ、せっかくの実力を発揮できないのか——。やはり原因は、アメリカ人に対する理解の欠如にあります。

　より具体的に言えば、「自ら手を挙げて意見を言う」姿勢の有無が、外資系企業で出世できるかどうかの分かれ目になります。これができなくては、どんなに知識や経験が豊富でも意味がないと言ってもいいほどです。

　特に、日本企業である程度の地位を築いた人が、外資系企業に転職したときは、注意が必要です。

　日本企業では、「偉い人」は周囲から意見を求められて発言することが多いでしょう。通常、上層部の「ご意見」を聞かずに、ものごとを決めることは考えられないはずです。

　会議などでも、一通り意見が出尽くしたら、「それで、部長はどうお考えですか？」などと意思決定権者の見解を聞き、結論を出すという流れが自然ではないかと

思います。

　このような環境から外資系企業に転職した人は、よほど気をつけておかないと、「意見を求められるまで待つ」という態度をとってしまいがちです。

　しかし、アメリカ人の部下たちを相手に黙っていては、いつまでたっても「ご意見」を求められることはないでしょう。

　ここまでに再三、「アメリカ人との会議では、自ら進んで意見を言わなければ、その場で導かれた結論に同意したとみなされる」とご説明してきましたが、これは平社員だけでなく、「その場で一番偉い人」にも漏れなく当てはまるルールです。

　重要な問題について何の意見も述べない人は、当然、評価もされません。
「せっかく期待して日本企業から転職してきてもらったのに、自分の意見を言わず判断も下さない人」とみなされれば、出世など夢のまた夢です。

　私のかつての上司のなかにも、この「落とし穴」にはまってしまった人がいます。
　彼は非常に優秀で、日本企業で多大なる実績をあげ、私の働いていた外資系企業に社長候補としてヘッドハン

トされました。

　ところがまったく評価されず、最終的には退職を余儀なくされてしまったのです。

　彼の思い違いの1つは、「転職してきたばかりだから、しばらくはこの会社のことを勉強させてもらいながら様子を見よう」と考え、会議などでも黙っておとなしくしていたことです。

　控えめであったり謙虚であったりというのは、日本人の美徳といえますが、これはアメリカ人相手には通用しません。転職した直後から、

「彼はどんなふうに貢献してくれるのか？（How can he contribute?）」

と期待されるのがごく当たり前で、特にある程度の実績を持って転職した人であれば、「まだこの会社に入ったばかりだから……」というのは、黙っている理由にはなりません。

　そして自ら意見を言わなければ、いつまでたっても評価されることはなく、「前職での貴重な経験」も宝の持ち腐れになってしまうのです。

自信がなくても「できます」「やります」と言おう！

　みなさんは、上司からまったく新しい仕事を提示され

て、
「この仕事、できる?」

と尋ねられたら、真っ先に何を考えるでしょうか。おそらく、「この仕事をやり遂げられるだろうか」「できると言い切って大丈夫だろうか」と慎重に考えるという人が多いのではないかと思います。そして、自信が持てない状態であれば、「できます」「やります」とは言えないでしょう。

しかし、アメリカ人が相手の場合、この慎重さは裏目に出ることがあります。それは、アメリカでは完遂できる確証がなくても「できます」と言い、多少難しい目標でもチャレンジしてみること、殻を破って成長していくことが求められるからです。

多くのアメリカ人と一緒に仕事をしてきて強く感じるのは、彼らが本当にチャレンジングな仕事を好むということです。客観的に考えれば、「本当にあなたにこの仕事ができるの?」と疑問を感じるような状況でも、「できます」「やります」と言って前向きに取り組むのがアメリカ人。背景には、「少し背伸びしなければ届かない目標」に挑戦することをよしとする国民性があるように思います。

私がこの話をすると、日本人の多くが、

「できないことをできると言ってしまって、最終的にもしその仕事ができなかったら、どうやって責任をとるんですか?」

といった疑問を口にします。

確かに、高い目標に挑戦すれば、求められる結果が出ないことも少なくありません。しかし、このような場合に、「完遂できなかったらどうしよう」「どうやって責任をとればいいのだろう」などと考えるのは、まさに日本人的な発想なのです。

できなかったことはポジティブに捉える

アメリカ人は、同じシチュエーションに置かれても、考え方の方向性が異なります。

まずアメリカ人は、組織において上司が「あなたに任せる」と言った以上、「上司は、私がその仕事をやり遂げられると判断した」と考えます。自分が本当にその仕事を完遂できるかどうか、最終的に責任が持てるかどうか、といったことは眼中にありません。

わかりやすく言えば、

「上司が私に任せたのだから、できるはず」

と思って、やってみるというスタンスです。

では実際に仕事にチャレンジし、完遂できなかった場合はどうするのでしょうか?

実はこの点も、日本人とアメリカ人では考え方や表現が異なります。

基本的にアメリカ人は、仕事が完遂できなくても、「できませんでした」とは言いません。「目標に対して足りない部分はありましたが、できなかったことについては、そこからこんな学びを得ました」などというように、非常にポジティブに表現するのです。

日本人からすれば、できそうもないことにチャレンジするアメリカ人は危なっかしく見えることもあります。

しかし、このようなアメリカ人のスタンスは、実際にアメリカ企業が成長していく原動力になっているように思います。少なくとも、「できなかったら責任を問われるのではないか」と怯える日本人より、伸びしろが大きいことは間違いありません。

おそらく、日本人の部下を持つアメリカ人のなかには、「日本人はもっと仕事ができるはずなのに、どうして挑戦しようとしないのか」と歯がゆく感じている人が多いと思います。責任感の強さが、アメリカ人相手には裏目に出ることもあるのだということを頭に入れておきましょう。

もう1つつけ加えるなら、外資系企業では自分から「その仕事、やります！」と手を挙げる姿勢も必要です。

「コツコツ仕事を頑張っていれば上司はきっと見ていてくれる」「そのうち大きな仕事を任せてもらえるだろう」というのは、アメリカ人相手には甘い考えです。自ら手を挙げない限り、ステップアップにつながるような大きな仕事はもらえないと考えてください。

もしあなたに「外資系企業で昇進したい」という意欲があるなら、自分が昇進するに値する仕事を買って出ましょう。

「チャンスは待つものではなく、自分でつかみにいくもの」というのが、外資系企業での大原則なのです。

「接客が悪い！」と偉そうに振る舞えば、人格を疑われる

「アメリカのサービス業は接客態度があまりよくない」という話を聞いたことがある人は多いでしょう。また、日本はサービスのレベルが高く、ホスピタリティにあふれているというイメージを持っている人も少なくないはずです。

しかし、こういった一面的な情報だけで、「アメリカ人はホスピタリティがない」と考えるのは大きな間違いです。

アメリカ人は、自宅に人を招いてもてなすのが非常に上手です。ホームパーティーなどをもよおすことも多

く、そのもてなし方を見れば、日本人と比べてホスピタリティが低いとは思えません。

もし、アメリカ人相手に、「日本人は特別にホスピタリティが高い」という前提でものを言ったりすれば、失笑されてしまう可能性もあるので注意しましょう。

しかしその一方で、アメリカのサービス業の接客レベルがあまり高くないというのも事実です。

これは、どうしてでしょうか？

日本人とアメリカ人とで根本的に異なるのは、「サービス業で働いている人」と「サービスを受けるお客さん」、あるいは「発注している側」と「発注される側」といった関係の捉え方です。

ビジネスをするうえで「お金を払う人」「お金を受け取る人」の関係があれば、日本人は「お金を払う人が偉い」という感覚を持っているのではないかと思います。

しかしアメリカ人の感覚では、そこに上下関係はありません。**お金を払う人、受け取る人はあくまで「対等なパートナー」**なのです。おそらくこの背景には、Fairであることを大事にする価値観があるのではないかと思います。

日本人はアメリカ人の接客を見て「レベルが高くない」と感じるかもしれませんが、お店のスタッフとお客

さんは対等な関係なのだという視点を持てば、同じ接客の様子を見ても、映る風景はまったく違うものになるでしょう。

　さて、「日本人が外資系企業で出世できなくなる理由」をご説明するのに、こんな話を書き綴ってきたのには理由があります。
　それは、日本人は「発注する側」というだけで偉そうに振る舞うことが、よくあるからです。
　もしアメリカ人の前で「自分はお客さんだから」「発注する側だから」と偉そうな態度をとれば、相手からはもちろん、アメリカ人の同僚や上司からも人格を疑われ、Fair ではない人という烙印を押されることになりかねません。

　たとえば、あなたが接待のために、アメリカ人を日本の料亭に連れて行ったとしましょう。
　このような場面で「料理が出てくるのが遅い」など店側に不手際があった場合、日本人のビジネスパーソンは、お店の人に対して不快感をあらわにすることがあります。「接待相手を大事に思っているのだ」ということを示したい気持ちがあれば、なおのこと、
「ちょっと、料理が遅いんだけど、早く持ってきてくださいよ！」

などと言ってしまうことがあるのではないでしょうか。

　しかし、お店のスタッフに対して居丈高な態度をとれば、アメリカ人は非常に不愉快に感じるでしょう。言葉を選ばずに言えば、お店の人を責める日本人の姿に「ドン引き」するのは間違いありません。相手が日本語の会話を理解できなくても、何が起こっているかは察しがつくものです。

　だれに対しても対等に接しているかどうか、Fair な人であるかどうかは、あなたの評価に直結します。日本人とアメリカ人で感じ方が大きく異なるポイントですから、十分に注意してください。

第3章 こうすればアメリカ人との仕事が劇的にうまくいく!

キャラクターを変えて、
お腹から大きな声で話す

　第3章では、第1章、第2章のお話もふまえて、アメリカ人とうまく仕事をしていくためのコミュニケーションのポイントをまとめてご紹介したいと思います。

　私は自分がビジネス英語を指導している方たちには、
「英語で話すときは、思い切って普段の自分とは違うキャラクターを演じるつもりのほうがいいですよ」
とアドバイスしています。

　もともと日本人とアメリカ人では、マインドが大きく異なります。特にアメリカ人の性質として意識したいのは、非常にポジティブな人が多いということです。
　これは、アメリカでは子どもが幼い頃から「すごいね、あなたは天才だね」などと褒めて育てるのが一般的だからでしょう。
　こうして育てられたアメリカ人は、自己肯定感を強く持ち、自信をつけながら大人になります。そして、日本人から見ると、「どうしてみんな、そこまで自信満々なんだろう」と不思議になるほど、ポジティブな人ばかりということになるわけです。

このような背景もあり、先にご紹介したように、アメリカ人は自信に満ちあふれた人に対して、信頼を寄せる傾向があります。
　自信を持ち、ポジティブであることは、ビジネスパーソンに求められる要素の1つと言っていいでしょう。

　日本では謙虚であることが美徳とされますから、急に「自信満々な感じで、ポジティブに」と言われても戸惑う人が多いのではないかと思います。
　しかし、そこで遠慮していては、アメリカ人の信頼を勝ち得ることはできません。
　そこで、アメリカ人と仕事をするのに英語を話すときは、好印象を与えられるよう、思い切って「普段の自分とは別の、自信満々キャラクター」になり切ってしまおうというわけです。

　この「キャラ替え」は、英語を話すときだけ別人になる、というのがポイントです。
　そもそも、日本語と英語は発声のしかた1つとっても、まったく違う言語です。みなさんも、身近にいるアメリカ人が話す様子を思い出してみてください。よく観察すれば、日本語を話す人と英語を話す人の声の出し方の違いに気づくでしょう。
　具体的に言えば、日本語は口もとだけで話しますが、

アメリカ人はお腹から大きく響く声を出して英語を話しているものです。

日本語は胸式呼吸で話され、英語は腹式呼吸で話されるとも言われます。英語は日本語と異なり、破裂音といわれる「p」「b」「t」、摩擦音といわれる「f」「v」「th」などがあり、これらをネイティブに伝わるように発音するには、お腹から息を吐く腹式呼吸のほうが有効なのだと思います。

また、英語は日本語に比べて、高低（イントネーション）の差が大きい言語でもあります。

面白いことに、発声のしかたは、話す言語によって変わります。

たとえば帰国子女は、日本語を話すときは口もとだけで、表情を大きく動かさずに言葉を発しますが、英語になると、とたんに表情が大きく動き、声量もアップします。このほか、声の高さや張り方なども、日本語と英語とでは異なります。

ですから、英語を話すときにアメリカ人と同じ調子で話したいなら、声量をアップしてお腹から発声すること、表情を豊かにすることがポイントになります。

そして、日本語で自信満々な態度をとるのは抵抗がある人も、普段と話し方を大きく変えるのをきっかけにキ

ャラクターを切り替えれば、意外とスムーズに別人になれるもの。

これはやってみれば納得できると思いますので、ぜひ試してみてください。

なお、英語を話すときにお腹から声を出すというのは、意識的に練習したほうが、いざというときに切り替えが早いと思います。

英語の勉強で音読をするときは、できるだけ「アメリカ人の話し方」を意識し、「別人になった自分」をイメージして、お腹から大きな声を出すようにしましょう。

細かい発音の正確性にはこだわらなくていいので、イントネーションもはっきりつけるようにしてください。

日本人の英語が「それっぽく」聞こえにくいのは、発音の問題より、声が小さく、話し方が平坦で、単語を1つひとつ区切って発声してしまうことが大きな原因です。

繰り返しになりますが、「声は大きく、お腹から」「イントネーションはしっかり」。そして「自信満々なキャラクター」になることが、言いたいことを相手にしっかり届けるための第一歩なのです。

ポジティブな雑談ネタを考えておく

　アメリカ人は、仕事仲間との雑談を大切にします。たとえば朝の通勤で一緒になったときや、会議のために会議室に集まって全員そろうのを待っている時間、コーヒーを淹れているときなどは、積極的にちょっとした雑談をするのが一般的です。

　みなさんも、外資系企業で働いている場合など、同僚のアメリカ人と雑談をすることがよくあるのではないかと思います。
　そこでぜひ知っておいていただきたいのは、「たかが雑談」であっても、相手に与えるイメージには気をつけなければならないということです。

　たとえば、週明け月曜日の朝イチに通勤途中で同僚と会い、挨拶を交わして雑談が始まったとしましょう。
　このような場面で「週末は何をしていたの？」と尋ねられたら、どんな話をするのが望ましいと思いますか？

　日本人は、「こんなイベントがあって楽しかった」といった自慢話にも聞こえるようなことはあまり言わない人が多いでしょう。どちらかというと、
「いやぁ、先週は忙しかったから、疲れ切って週末はず

っと家で寝ていたよ」

　などと話すのがごく普通ではないでしょうか。

　しかし、このようなことはアメリカ人相手の雑談で言うべきではありません。

　アメリカ人は、「人生を楽しむ」ということを非常に大切にしています。そして、一緒に仕事をする同僚には、ポジティブで、エネルギーに満ちあふれた人であってほしいと考えます。

　そのような相手に、もし「週末は寝ていただけ」などと言えば、「この人は弱々しい人だな」というイメージを持たれてしまうでしょう。

　もちろん、アメリカ人だって週末に疲れ切って寝ていることはあるかもしれません。しかし、たとえ疲れて寝ていたという事実があったとしても、それをあえて周りに言うことはしません。もしみなさんが、日本人の感覚のまま英語でそういうことを口にすれば、「つまらない人」という烙印を押されることになりかねないのです。

　そうはいっても、雑談で何を話せばいいのかわからないという人は多いと思います。

　では、いったいどんな話をすればアメリカ人から「人生を楽しんでいるポジティブな人」だと思ってもらえるのでしょうか？

「楽しかった出来事を話してください」と言うと、構えてしまう人が多いのですが、実は、話すことは、ほんのささいなことでいいのです。大事なポイントは、「人生をポジティブに楽しんでいる」というトーンを伝えることにあります。

ぜひ、日常のことに目を向けてみてください。たとえば、

「スーパーに買い物に行ったらたまたまいいお肉があったので、それを料理したらおいしかった」

「家の近所に新しいコーヒーショップができて、そこに行ったらとてもリラックスできた」

そんな小さな出来事で十分です。

もっとも、こういった「ネタ」は、アメリカ人との雑談の雰囲気に慣れていないと、なかなか思いつかないかもしれません。

できれば、意識的に「ポジティブな雑談ネタ」を探して、いつでも話せるようにしておいたほうがいいでしょう。

実のところ、このような視点で生活を見直すことは、実際に気持ちを前向きにしてくれる効果もあります。せっかくですから、ぜひ楽しんで取り組んでみてください。

ちなみに、雑談については1つ注意点があります。

それは、アメリカ人との雑談は、相手の仕事の時間に割り込んでまでしてはいけないということです。

日本企業では、ちょっとした仕事の相談があって同僚のデスクまで行き、そのまま雑談が始まって小一時間……といった光景もめずらしくはないでしょう。

しかし、先に少しご説明したように、アメリカ人は時間内に決めた仕事を終えることを非常に大切にしています。事前に約束をすることなく、仕事の邪魔になるほど時間をとらせるのはNGです。

雑談は、あくまで「ちょっとした空き時間」にするものだということを忘れないようにしましょう。

自己紹介のときは、自分の実績を「自慢」する

日本人がアメリカ人と話して驚くことの1つは、彼らがよく自慢することです。

もっとも、正しく言えば、アメリカ人は「日本人からすると自慢しているように聞こえること」を言っているだけで、決して「自慢してやろう」などと思って話しているわけではありません。

自分が経験したことや歩んできた道のり、実績などについて、ポジティブに説明するのは彼らにとってごく当

たり前のことなのです。

　先日、日本で仕事をしているアメリカ人女性が複数参加する会合に出席したときのことです。
　その場では全員が初対面だったのですが、ある40代のアメリカ人女性は、自己紹介の際、自分が学生時代に研究していたテーマ、具体的にどんな調査をしていたか、その調査レポートが大学でどのように評価されたかといった話をしていました。
　日本人の感覚からすると、自己紹介にしては少々くどい気がしてしまいますし、その話のトーンは、やはり自慢げに聞こえてしまいかねないものでした。
　しかし、そういったトーンで話していたのは、彼女1人ではありませんでした。別の女性も、やはり自分の職歴やビジネスでの実績を詳しく話し、ある会社で社長賞をとったといったことにまで言及していました。
　こういった話を初対面でするというのは、日本人的な感覚だと違和感がありますが、彼女たちアメリカ人の感覚では、初対面だからこそ、お互いを知るためにきちんと自己紹介をしているだけのことなのです。
　もちろん彼女たちも、ママ友ランチ会のような場では、そのような話はそうそうしません。ビジネスウーマンの会合の場で、刺激的な出会いを共有する場であるからこそ、そういった功績をシェアし、自分に興味を持っ

てもらおうとするのです。

　みなさんがアメリカ人を相手に自己紹介をするときは、ぜひこのことを念頭に、堂々と「自慢」してください。
　特にビジネスシーンでは、みなさんのバックグラウンドを伝え、どのような知識や経験に基づいて意見を言っているのかといったことを理解してもらうのが重要です。それが、みなさんへの信頼を増し、意見に耳を傾けてもらいやすくするための正しい方法なのです。

　ちなみに私は、この会合で自己紹介の順番が回ってきたとき、アメリカのビジネススクールで学んだことや職歴などを丁寧に話しました。それがアメリカ人とのコミュニケーションで求められている態度なのですから、「自慢するみたいで嫌だな」といった考えは頭から追い払い、いさぎよく「自慢」したほうがいいのです。

　なお、こういった「自慢大会」のような場面であっても、アメリカ人はお互いに張り合うような嫌な空気を出したりはしません。繰り返しになりますが、アメリカ人にとってはそれは「自慢」ではないからです。
　ではお互いにどういう態度をとるのかというと、基本的に「すごいですね！」と手放しで受け入れます。ここ

でいう「すごいね!」は、英語では I'm happy for you. という表現がよく使われます。みなさんもこのフレーズを覚えておいて、ぜひ使ってみてください。

就職・転職の面接では、堂々と自己アピールする

アメリカ人にとっては、ちょっとした自己紹介でさえ「自慢」するのが当たり前。ですから、就職や転職の面接では、堂々と自己アピールするのが一般的です。

謙遜はまったく不要ですから、みなさんも外資系企業への入社を目指す際は、しっかり自己アピールするようにしましょう。

ここで、具体的にどのようにアピールするのか、英文例をいくつか紹介したいと思います。

たとえばマーケティング担当で、まだ経験の浅い若手が転職する場面を想定してみましょう。

・I have learned the basics of marketing as a marketing assistant. I want to take the next step by taking on challenging projects. My short-term goal is to grow as a brand manager.

第3章 こうすればアメリカ人との仕事が劇的にうまくいく！　79

（私はマーケティングアシスタントを務めながら、マーケティングの基礎を勉強してきました。チャレンジングなプロジェクトに取り組むことで、次の一歩を踏み出したいです。私の短期的な目標は、ブランドマネージャーとして成長することです）

・For my long-term goal, I would like to become a director or higher. This might be a little ambitious, but I believe I will have a chance, and I'm willing to work hard.
（長期的には、私はディレクターかそれ以上になりたいです。少し野心的すぎるかもしれませんが、チャンスはあると思いますし、一生懸命働く覚悟です）

　次に、一般的に転職の場面で使える表現もご紹介しましょう。アメリカ人は「人とは異なることができる」ということを重視するので、それを意識してアピールするのがおすすめです。

・I want to become a valued employee of a company. I want to make a difference and I'm willing to work hard to achieve this goal. I want to make a significant contribution to the growth of the company.

（私は会社にとって価値のある従業員になりたいと考えています。他の人とは違うことが提供できるよう、一生懸命働くつもりです。会社の成長に絶大な貢献をしたいと思っています）

　アメリカ人はリスクをとれる人を好みますが、当然、リスクの大きさを考えず無謀なチャレンジをすべきではありません。たとえば下記のような表現は、自己アピールとして好ましいのではないかと思います。

・I would like to take some risks. Through detailed planning and analysis, it is possible to reduce some of the risks. Therefore, if there is a reasonable chance of success, I would take the opportunity.
（私はリスクをとるのが好きです。詳細な計画と分析をもって、リスクは軽減できると思います。ですので、成功する一定の見込みがある場合は、そのチャンスを狙います）

　アメリカ人に対する自己アピールの表現方法として、参考にしてみてください。

交渉はWin-Winになるよう「お土産」を用意する

　みなさんのなかには、交渉の場面でアメリカ人と向き合うことを迫られる人もいるでしょう。
　実は、アメリカ人との交渉で日本人がやってしまいがちな失敗のパターンが大きく2つあります。

　1つは、「アメリカ人は議論が得意で、強く要望を伝えてくるものだ。だからアメリカ人に対しては、自分たちも不利にならないよう、要求を強く伝えていく必要がある」といった考えから、自分の要求を声高に訴えるというパターンです。
　このような態度をとってしまうのは、アメリカ人のほうが議論にたけているという考えから、「砕けてもいいから強くあたってみよう」という思考に陥りがちだからだと思います。

　もう1つは、議論では勝ち目がなさそうだと考え、「こちらの思いを伝えて、なんとか汲んでもらおう」とするパターンです。いわゆる「泣き落とし」ですね。
　こういった姿勢で交渉に臨めば、感情的になり、伝えたいことが伝わらずに「どうしてこんなに一生懸命言っているのに伝わらないんだ」などとストレスをため込む

ことになりがちです。

　ここで知っておきたいのは、アメリカ人相手には、情に訴えるという手は通用しないということです。

　声を荒らげるようなことをすれば、その時点で、よい結果を得る可能性は消えてしまうでしょう。

　つまり、アメリカ人相手の「泣き落とし」は、ストレスがたまるだけで、まったく結果につながらないアプローチ法なのです。

　こういった失敗パターンに陥るケースは多く、言葉を選ばずに言えば、私は多くの日本人は「交渉下手」だと感じています。交渉の基本を知らない人が多いのです。

　ビジネスをするうえでは、社内、社外を問わず、交渉に臨まなければならないシチュエーションはたくさんあるでしょう。アメリカ人を相手にする場合にも、「相手が交渉上手だから」と身構えず、交渉の基本を知ったうえで、しっかり準備して臨む必要があります。

　交渉の基本を理解するのに一番わかりやすいのは、価格交渉の場面をイメージすることです。

　みなさんが売り手として「1000円で」と言い、買い手が「500円で」と主張しているとき、「絶対に1000円でなければ」と強硬に主張するだけでは交渉にはなりません。どこかでお互いが納得できる「落とし所」を見つ

けるため、それぞれが譲れる範囲を話し合う必要があるでしょう。それは、間をとって700円にすることかもしれませんし、1000円だけれどおまけをつけたり、他の商品を値引きしたりすることかもしれません。

最初から「正解」があるわけではなく、お互いが譲り合い、またお互いに「ここは勝ち取った（譲ってもらった）」と思えるような、納得できる条件を探っていかなくてはなりません。

このように考えると、交渉に臨む際は、最低限「自分にとって譲れないポイント」「譲っても構わないポイント」を整理しておくことが必須だとわかります。

しかも、相手はネイティブのアメリカ人で、こちらはノンネイティブなのですから、事前の準備は入念に行わなければなりません。

そのうえで、交渉の場ではお互いに Win-Win といえるような結果を導くよう努めましょう。

繰り返しになりますが、譲れない一線を守りつつ、相手が「何かを勝ち取った」と思えるよう配慮することは、交渉の重要なポイントです。特に相手がわざわざアメリカから日本に来ているような場面では、「手ぶら」では帰れないはず。相手が置かれている立場を想像し、必ず「お土産」になる結果を持ち帰れるように交渉を進めましょう。

交渉や報告では、できるだけ数字を使って伝える

アメリカ人と仕事をするときにぜひ心がけてほしいのが、交渉したり報告したりするときは、できるだけ「数字を使って伝える」ことです。

もともとアメリカ人は、日本人以上にビジネスを数字で語る傾向があります。これは、ディベートなどの訓練を通じて、論拠を示して話すことに慣れていることが理由の1つではないかと思います。

「数字を使って伝える」ことは、意思疎通をスムーズにするという観点でも重要です。

もともと英語ネイティブではない私たちがアメリカ人と会話するとき、言語を問わず共通で理解できる「数字」に基づいた話は通じやすく、理解してもらいやすいからです。

「数字で伝える」といっても、つねに細かくデータにあたっておけということではありません。

たとえば業績見通しについて話すとき、

「現状の施策だと売り上げがダウンするおそれがあります」

と言うよりは、

「この施策のもとでは、ざっくり言えば、売り上げが1

割くらいダウンしてもおかしくありません」

と言うだけでも、意図はよりクリアに伝わるでしょう。

もちろん、正確なデータや細かい数字を求められる場面では、「ざっくり」は通用しませんし、まったく根拠のない数字を持ち出すことはすすめられません。

しかし、たとえ論拠が甘くても、「経験則からどのくらいだと思っているのか」を示すのに数字で言うことが有効なら、積極的に使ったほうがいいでしょう。

ちなみに、私自身は長く財務の仕事をしていましたから、数字を示して意見を言うのは、当たり前の環境でした。

しかし、たとえばあるマーケティングの施策を打つかどうかを会議で話し合っているとして、施策の影響として会社の業績がどう変動しそうか、新たな施策にかけるコストは見合うのかといった点について財務の観点から意見を求められた場合、問題の性質からして正確な数字を示すのは不可能です。

そのような場面でも、私は「ざっくり」でもいいので数字を示して話すようにしていましたし、アメリカ人の上層部からも「直感的（gut feeling）」にはどれくらいかと尋ねられたものです。こうした経験からも、アメリカ人とビジネスの話をするときは「直感的」にでもいい

ので、「数字」で説明するよう心がけることをおすすめしています。

会議では大事なことをきちんと決める

先に「会議では意見や疑問はすべて発言すべき」というアドバイスをしましたが、これは「会議に貢献する」という観点だけでなく、「望まない結論になってしまわないようにする」という点でも重要です。

日本人は、会議の場で全体の流れに反するような意見がある場合でも、発言をためらって、「あとで上司に相談してみよう」などと考える人が少なくないでしょう。

しかし、アメリカ人との会議ではこれは危険な考えです。というのも、アメリカ人にとっては「会議はものごとを決定するための場」であり、「原則として会議で決まったことはくつがえせない」からです。

これは、日本人が想像する以上に、明確で厳格なルールです。

たとえば、みなさんが会議の結論に懸念を抱いたとして、会議後に何か調べ物をしたりシミュレーションしたりして、「あの結論ではやはりよくない」と判断したとしましょう。

もし、みなさんがその論拠をもって「結論を変えるべ

きだ」と訴えても、おそらく結論はくつがえりません。それは「すでに会議で決まったことだから」です。

ですから、もし会議中に「これはもしや……」と思ったら、少なくともその場で考えられる理由を添えて、「データがないので今決めるべきではない」「今日のところは仮決裁にとどめ、結論は保留にしてほしい」といった意見を表明すべきです。

そのような意見も言わず、「あと出し」で何か言っても、会議で決まったことが変わることはまずありません。

大事な会議に出席するときは、「ここは決定するための場なのだ」という意識を強く持って臨んでください。

アメリカ人が「締切厳守」であることを知っておく

みなさんが現在取り組んでいるプロジェクトにおいて、ある作業を依頼している取引先に問題が発覚したとしましょう。「取引先を変更したほうが、必ずプロジェクトの完成度が高まる。ただし取引先を変更するにはスケジュールを見直す必要があり、完了時期が後ろにずれる」という場合、みなさんはどんな判断をするでしょうか？

おそらく、多くの方は「発覚した問題の程度にもよるだろう」「求められる完成度はどれくらいなのか、スケジュールが遅れるとしてもそれはどれくらいなのかがわからなければ、なんともいえない」「いずれにしても一度、状況を整理して……」といった反応をされるのではないでしょうか。

しかし、日本人にとって「当たり前」のこういった思考は、アメリカ人にとっては「当たり前」ではありません。

それは、アメリカ人にとっては「決められたタイムラインを守ること」が非常に重要だからです。プロジェクトのタイムラインは絶対であり、よほどのことがない限り、それがくつがえることはありません。

「完成度を高めるために、多少遅らせることがあっても……」といった発想が、そもそも皆無なのです。

アメリカ人が、仕事を進めるうえで「時間」を非常に大切にするという話は、ここまでにも何度か触れてきました。

たとえば、アメリカ人は会議をダラダラやることはありません。事前に議題を決め、それに関する結論が出たら、会議は終わりです。

会議の場で「ついでにこの件も……」などと議題が追加されるといったことも、めったに起こりません。そし

て、一度決めたことは、よほどのことがない限り変更しません。

こういったアメリカ人の仕事のやり方は、すべて**「事前に決めた期限までに、決めた通りの仕事を終える」という考え方がベースにあるのです**。「締切厳守」という感覚を、日本人とは比較にならないほど強く持っているのです。

「締切厳守」の考え方には、よし悪しがあります。

アメリカ人は、タイムラインを重視するあまり、クオリティの低下に寛容になりがちだという見方もできるでしょう。

日本人はタイムラインに対してアメリカ人よりはずっと柔軟である一方、クオリティの維持・向上へのこだわりは強いという言い方もできそうです。

そしてこれは、どちらがよい、悪いという話ではありません。

大事なのは、こうした「アメリカ人と日本人の締切に対する感覚の違い」を理解し、アメリカ人と仕事をしていくことです。

たとえばみなさんが仕事をしていて、「クオリティを追求したいので、締切を後ろにずらしたい」と思ったとき、それがアメリカ人に通用するかどうかを冷静に考え

る必要があります。

　場合によっては、クオリティを犠牲にしても締切を守るべきだと判断したほうがよい場面もあるでしょう。

　あるいは、もし「締切をずらしてでもクオリティを維持しなければ、あとで大きなトラブルになる」といった事態なら、それは根拠となる数字などを示して説得すべきかもしれません。

　その場合にも、アメリカ人にとってのタイムラインの重要性を考え、丁寧で説得力のある説明を心がけるべきなのです。

アメリカ人クライアントを気分よくさせる会話術

　アメリカ人のクライアントと会ったときなどに、仕事以外の雑談でどんな話をすればいいのか迷う人は少なくないでしょう。

　ちょっとした話題の選び方というのは、日本人同士でも難しいもの。ましてやアメリカ人が相手となれば、困ってしまうのも無理はありません。

　しかし実はこの悩みは、ネイティブであっても同じように感じるもののようです。アメリカにも、「クライアントを気分よくさせるための会話法」といったテーマのビジネス講座があるほどです。

では、相手を気分よくさせるには、どんな話題を振ればよいのでしょうか？
　日本人だからこそ話しやすいのは、相手の出身大学や出身地のことです。
　最近はSNSも発達していますから、相手のプロフィールを調べるのはさほど難しいことではないでしょう。まずは最低限の準備として、相手がどんな人物なのかできる限り調べてください。

　相手の出身大学が、日本でもよく知られているアイビーリーグ（ハーバード大学、イェール大学、ペンシルベニア大学、プリンストン大学、コロンビア大学、ブラウン大学、ダートマス大学、コーネル大学）などの有名校であればもちろん、そこまでの有名校ではなくても、母校への誇りを持つアメリカ人はとても多いです。

「〇〇大学ご出身なんですよね？　素晴らしい大学だと聞いています（You are a graduate of 〇〇 University, aren't you?　I've heard it's a great school.）」

　などと話を振ってみましょう。

日本人同士だと、会うなり「東京大学ご出身ですよね?」などと学歴に触れるのは、同窓生でもない限り、ためらわれるものですが、そこは気にしなくても大丈夫です。

　アメリカ人同士で大学の話をする際のニュアンスは、日本人同士のそれと似たところがあるかもしれませんが、日本人が「外国人として、アメリカ人に」大学の話を振る分には、そういった気遣いは不要です。

　アメリカ人は、日本人と比べて愛校心が強い傾向があります。たとえば大学の財政は卒業生の寄付によって支えられていることが多く、著名人だけでなく一般のビジネスパーソンも出身校に寄付する文化があります。

　ですから、出身大学の話をすると、素直に喜んでくれることが多いでしょう。私自身の経験でも、非常に話が弾みやすい話題です。

　一方で、この話題を振ると、「あなたの大学はどうでしたか?」と質問が返ってくることがよくあります。この場合も、中途半端に謙遜したり、自虐的なことは言わないほうがいいでしょう。

　たとえば、私の出身校の津田塾大学の場合、「都心から離れた田舎で、女性ばかりで地味でした」と紹介する同窓生は多いと思います。「そうは言うけど、自然に恵まれたキャンパスで、優秀な人も多かったんですよね」

と汲み取ってくれる日本人は少なくないですが、アメリカ人がそんなふうに思ってくれることはまずありません。

ですから私は、思い切って「緑に囲まれたキャンパスで、優秀な女子大で、アメリカのスミス大学のような学校です」と言うようにしていました。スミス大学はアメリカの有名女子大です。津田塾をスミスみたいと言うのも、若干おこがましい気持ちはありましたが、相手に一番イメージを持ってもらいやすい表現でした。

この例のように、日本のことを知らないアメリカ人に、日本の何かを紹介するには、「あなたの国の〜みたいです」という表現を使うと効果的です。

大学のことを話題にしにくい場合は、出身地について話をしてみましょう。

アメリカ人は、出身地への愛着も非常に強い傾向があります。ですから、次のように話を振れば、出身地について熱く語ってくれるはずです。

・I have been to your hometown, ○○.
（私はあなたの出身地の○○に行ったことがあります）

・One of my friends lives in ○○. I have heard that it is a great place to live.

（知人が◯◯に住んでいます。住むにはいいところだと聞いています）

・I would like to visit your hometown one day. Tell me about it.
（いつかあなたの出身地に行ってみたいと思っています。どんなところか教えてください）

　大事な商談などの前は、念入りに下準備をして、気の利いた雑談ができるようにしておきましょう。そのような地道な努力が、ビジネスチャンスにつながるのです。

アメリカ人にとってフィードバックはとても大事

　アメリカは個人主義が強いといわれる一方で、自分の成長につながるようなフィードバックをしてくれる人を、非常に大切にする傾向があります。

　また、マネジメント層は、フィードバックができるよう、研修で適切なフィードバックフレーズやコミュニケーション方法などを学ぶほど、フィードバックに力を入れています。

　ですから、外資系企業で部下を指導したり、同僚や上司との関係を良好にしたりするためには、積極的にフィ

ードバックするのがおすすめです。

また、フィードバックを受ける機会があったら、それに感謝して、真摯に耳を傾けましょう。

あなたがアメリカ人の部下にこまめにフィードバックをしなければ、不安を感じさせてしまうこともありますから、注意が必要です。

また、上司からフィードバックを受ける場合、「上司が何か言っているな」などと軽く流すのはご法度です。

実は私自身、仕事が忙しいあまりに、上司からのフィードバックを軽視してしまい、適当に対応していたら、「アドバイスを聞き入れないようだけど、何か不満があるのか」と真剣に言われて、焦った経験があります。

アメリカ人にとってのフィードバックの重要性を理解し、仕事上、改善を求められているポイントがあればきちんと対応するようにしましょう。

みなさんがアメリカ人の部下や同僚などにフィードバックする場合を想定して、フィードバックのポイントを押さえておきましょう。

まず、フィードバックは「サンドイッチ話法」で伝えることが重要です。これは、必ずポジティブな褒め言葉から入り、改善点（ネガティブフィードバック）を伝え、最後はまたポジティブに励ます、というものです。

また、フィードバックするときは、表情や話し方のトーンをできるだけ明るくしましょう。ネガティブフィードバックは、ネチネチ言わないように気をつけてください。

　日本では、フィードバックのためだけに時間をとるという習慣はあまり見られませんし、面と向かってフィードバックするという文化もないでしょう。

　慣れないうちは「面倒だな」と感じるかもしれませんが、アメリカ人にとって、フィードバックは、自分の価値や組織での位置づけを確認するための重要なものです。

　上司としてアメリカ人の部下に適切なフィードバックができないと、部下のやる気を削いでしまいかねませんし、リーダーシップがないのではと疑問を持たれかねませんから、よく覚えておいてください。

　アメリカ人の上司からフィードバックを受ける場合は、先ほどご紹介した「サンドイッチ話法」で話が進むことをふまえ、褒め言葉のあとにくる「本当のメッセージ（何を改善してほしいと思っているか）」をしっかり聞くようにしましょう。

　フィードバックは、相手のネガティブな点を指摘する

ことになりますから、衝撃を和らげようとソフトな表現が使われることも少なくありません。

 ノンネイティブの日本人からすると、漠然としたフレーズだと感じられ、何を改善すればよいのかわからないということもあるでしょう。その場合は、遠慮なく意図を確認してください。

・Could you give me some examples how I can do better?
（私はパフォーマンスを上げるためにどのような行動をとるべきか、具体的なアドバイスをいただけますか？）

・Could you tell me more how I should change?
（私のどの部分を改善すべきか、もう少しお話しいただけますか？）

などと質問すればOKです。

 なお、日本人がアメリカ人上司から受けるフィードバックのなかでも多いのが、「もっと会議で発言してほしい」というものです。
 この本でも会議での発言の重要性は説明してきましたから、みなさんも「どんどん発言したほうがよい」ということは理解できていると思います。

しかし外資系企業に転職したばかりだったりすると、頭でわかってはいても、話の流れが速くて、なかなか意見を言うタイミングが計れないことも多いもの。その場合は、

・I would like to contribute but I just couldn't find the timing to say something.
（貢献したいのは山々なのですが、発言のタイミングが計れないでいます）

などと率直に説明しておくと、次の機会に上司が発言のタイミングを作ってくれることもあるので、おすすめです。

第4章 アメリカ人に伝わり、仕事がサクサク進む、英語の極意

「アメリカ人はストレートにものを言う」という誤解

　第4章では、具体的なフレーズをたくさん挙げながら「アメリカ人にきちんと伝わる英語」「仕事をスムーズに進める英語」をご紹介していきたいと思います。

　海外旅行などでアメリカに行った日本人がよく言うのは、
「アメリカでは大声ではっきり主張しないと、話を聞いてもらえない」
　ということです。
　確かに日本と比べると、アメリカでは「どこでも至れり尽くせりのサービスを受けられる」というわけにはいかないので、大声で要望を訴えざるを得ない場面が多いといえます。
　このような経験があるからか、多くの日本人は、
「アメリカ人にはガンガンものを言わなければならない」
　と思い込んでいるように思います。また、アメリカ人はストレートにものを言うものだというイメージも根強いようです。

　しかし実際にビジネスシーンでアメリカ人と接してみ

ると、こういったイメージは間違っていることがわかります。

アメリカ人は「今この場で適切なのはどんな言い方か」をよく考えますし、日本語に「ちょっと失礼な言い方」や「誤解を招く表現」があるのと同様、英語にも「適切な言い方」と「不適切な言い方」があるのです。「英語でははっきり伝えることが大事」「アメリカ人には何でもストレートに言っていい」などと思っていると、コミュニケーションがうまくいかなかったり、人間関係がおかしくなったりということになりかねませんから、注意が必要です。

わかりやすい例を挙げましょう。

日本人は、相手に何かをしてほしいときは、Please という言葉を添えれば丁寧な表現になると誤解している人が多いのですが、命令形のフレーズに Please をつけ加えても、相手に敬意を示す表現にはなりません。

ではどのような表現が適切なのかというと、何かしてほしいときは "Could you 〜?" " Would you 〜?"、あるいは "How about 〜?" という表現を使うのが正解です。

こういった微妙なニュアンスは、学校で習った英語では出てこなかったかもしれません。実際、私がビジネス英語を指導しているビジネスパーソンの方たちに、この

アドバイスをすると、

「"Could you 〜?"というのは丁寧すぎるのではないか?」

「"Could you 〜?"は"Can you 〜?"の過去形じゃないの?」

などと言われることが少なくありません。

しかし、ビジネスシーンではこういった言い方をするのが当然のマナーであり、使いこなせないのは論外と言ってもいいほどです。

"Please sit down."と言ってはいけない

また、日本人がうっかり「英語を知っているつもり」で使ってしまいがちなシンプルなフレーズで、言ってはいけない表現もたくさんあります。

たとえば、誰かに座ってもらいたいときに"Please sit down."と言うのは、NGです。この言い方は、学校の先生が子どもに指示するような表現で、「座りなさい!」に近いニュアンスがあります。仕事相手に言うなら、"Please have a seat."が正解です。

こういったニュアンスの違いは、1つひとつ覚えていくしかありません。せっかくですから、ここで「間違え

そうなもの」をまとめてチェックし、適切な表現を押さえましょう。

　日本人がつい口にしてしまいがちな「失礼な表現」と、「適切な表現」の言い換え例は次の通りです。

①Pleaseをつけても、命令文は「上から目線」になる

　日本人はPleaseをつければ丁寧になると誤解している人が多いのですが、命令文にPleaseをつけても、「上から目線」の表現であることに変わりはありません。

【失礼な表現】
・Please check this e-mail. ／Check this e-mail, please.
（このEメールを確認してね）

【適切な表現】
・Would you check this e-mail?
・Could you please check this e-mail?
・Do you mind checking this e-mail?
（このEメールを確認していただけますか？）

②Can you〜?　の使い方には要注意

　"Can you〜?"は中学生でもわかる、ごくシンプルな表現ですが、実は使い方には注意が必要です。「能力」

を聞くときにこの表現を使うと、「できなそうに見えるけど、できる？」というニュアンスが含まれてしまいます。

【失礼な表現】
・Can you speak Japanese?
（日本語、話せます？〈話せるようには見えないけど……〉）
・Can you eat sushi?
（寿司、食べられる？〈無理なんじゃない？〉）

【適切な表現】
・Do you speak Japanese?
（日本語は話しますか？）
・Would you like to try sushi?
（寿司は食べられますか？）

③聞き方ひとつで「職務質問」になる
【失礼な表現】
・What's your job?
（あなたの職業は？）
　これは、職務質問的に響くのでやめたほうが無難です。仕事を尋ねたいときは、次の表現を使いましょう。

【適切な表現】
・What do you do?
(あなたは何をしていますか?)

④日本語の「噂」の直訳が誤解を生む

　日本語には「お噂はかねがねうかがっております」という表現があります。相手がその業界で知られた人であったり、すぐれた業績のある人に対して言う言葉ですね。

　しかし、これを直訳するのはNGです。英語でrumor(噂)というと、悪い噂のようなニュアンスに受け取られかねません。

【失礼な表現】
・I've heard a lot of rumors about you.
(あなたの噂をたくさん聞いています)

【適切な表現】
・I've heard a lot about you.
・I've heard great things about you.
(お噂はかねがねうかがっております)

⑤「お待ちしておりました」のつもりが……

　日本語で歓待の意味で言う「お待ちしておりました」も、英語での言い換えを間違えやすい表現です。

【失礼な表現】
・I've been waiting for you.
（あなたを待っていました）

　これは相手が遅れてきた場合に用いられる表現です。

【適切な表現】
・I've been expecting you.
・We have been expecting you.
（ようこそ、お待ちしておりました）

⑥取引先などにお礼を言うときのニュアンスは？
【失礼な表現】
・Thank you for your business.
（ありがとうございました）

　これは間違いではありませんが、冷たいニュアンスがあるので使わないほうがいいでしょう。

【適切な表現】
・We would like to express our sincere gratitude for your support.
（心からの感謝を申し上げます）

　こういった丁寧なお礼のフレーズのあとに、具体的な

メッセージを入れると、なおよいでしょう。

⑦部下や同僚に少し話をしたいときはどう言う？

「ちょっと話がしたいんだけど……」という日常会話も、選ぶフレーズによってニュアンスが大きく変わります。

【避けたほうがいい表現】
・I want to talk to you.
（あなたに言っておきたいことがあります）

この表現は、「いったい何を言われるんだろう」と相手を緊張させるニュアンスがあります。

【適切な表現】
・Do you have a minute to talk?
（少し話す時間はありますか？）

以上になりますが、いかがでしょうか。失礼な表現がうっかり口をついて出てしまわないよう、適切な表現をしっかり頭に叩き込んでおいてください。

同じ相づちを繰り返さない

会話では、上手に相づちを打ったり、共感を示すフレ

ーズを言ったりすることで「話をちゃんと聞いていますよ」という姿勢が伝わり、相手が気持ちよく話せるものです。

 アメリカ人を相手に英語で話すときも、コミュニケーションを円滑にするために、ちょうどよい相づちを打てるようになりましょう。

 ポイントは、同じ相づちを繰り返さないことです。

 たとえば"Really?"（本当ですか？）という相づちはアメリカ人もよく使いますが、何を聞いても"Really?"ばかり言っていると、伝わり方が変わってしまうおそれがあります。
 極端なことをいうと、あなたが"Really?"を繰り返すことで、相手が、
「この人は自分の言うことを信じていないのかな」
と思ってしまう可能性もあるでしょう。
 これは"Really?"に限りません。どの相づちも、機械のように同じものだけ繰り返していては、「ちゃんと話を聞いていますよ」というメッセージが伝わりにくくなってしまいます。

 私がビジネスパーソンに英語を教えるときは、相づちを少なくとも3つ覚えるようにアドバイスしています。

相づちはたくさんありますから、覚えやすいものをまず3つ押さえ、使いまわしてみましょう。

　なお、英語に不慣れな日本人はYesを多用する傾向があり、相づちでもYesを使うことがあります。
　しかし、"Yes, yes."と重ねて使うと、日本語と同様、「はいはい、聞いていますよ」というような尊大なニュアンスが出てしまうので、これはきっぱりやめましょう。

　以下、会話のなかで相づちや共感を示すフレーズとして使いやすいものをご紹介します。
　まず、このなかから覚えやすいものを3つ選び、徐々に使えるものを増やしていってください。

・Sure.（もちろん）
・I see.（なるほど）
・Exactly.（確かに）
・Really?（本当ですか？）
・Is that so?（そうなのですか？）
・That's true.（その通りです）
・That's great.（いいですね）
・That's too bad.（それは残念です）
・I'm with you.（はい、聞いています）

- I feel the same way.（同感です）
- No kidding.（冗談でしょう）
- I wish I could do that.（うらやましいです）
- I wish I could be there.（私もそこに行きたかったです）
- I am happy for you.（それはよかったですね）
- That makes sense.（そういうことですか）

"I understand."も使い方に要注意

　英語で会話をしているとき、相手の話を受け止めるための表現には注意が必要です。

　日本語では「わかりました」の一言でいろいろなニュアンスを表現できますし、前後の文脈から、そのニュアンスをお互いに共有することができます。

　しかし、英語ではそうはいきません。「わかりました」と同じ感覚で、英語の "I understand." を使うと、アメリカ人との間に誤解を生む原因になります。

　"I understand." というのは、日本語に訳すと「理解しました」ということになりますが、実は "I agree."、つまり「同意した」という意味も含まれているからです。

　もし「同意しているかどうかは別として、おっしゃることはわかります」という意味で「わかりました」と言

いたいなら、そこは"I see what you mean."と言うほうがいいでしょう。

　このようなシンプルな表現について細々と説明するのは、私の経験上、こういった一言がアメリカ人との間に大きな誤解を生むことが非常に多いからです。
　これからビジネス英語を学んで現場で使っていこうという人は、「専門的な難しい話を英語でやりとりできるかどうか」を心配することが多いのですが、実際のところ、仕事の専門領域が同じ人同士の会話というのは、多少拙くてもわかり合えるものです。
　一方、もし「わかりました」の一言のニュアンスが間違って伝われば、それが致命的なコミュニケーション不全を招きかねません。
　1つの意見に対して同意しているのか反対なのかといった、基本的で重要な部分で行き違いが生じるのは、とても怖いことなのです。決して、こういった言葉のニュアンスを軽視してはいけません。

　誤解を生むことが多い「わかりました」「わかりますか？」の表現についても、ご紹介していきたいと思います。

①understandのニュアンスに注意する

中学生でも知っているunderstandという単語には、日本人が知らないさまざまなニュアンスが含まれています。ビジネスシーンで不用意に使うのはNGです。たとえば、

・Do you understand?
(わかりましたか?)

このフレーズには、「あなたには私の言っていることを理解できるだけの思考力がありますか」といったニュアンスがあります。相手が理解してくれたかどうかを確認したいときは次のような表現を使いましょう。

・Am I making sense?
(私〈の言っていること〉は、筋が通っていますか?)
・Does that make sense?
(筋が通っていますか?)

また、次の表現にも注意が必要です。
・I understand, but〜
(おっしゃる意味はわかります。しかし〜)

このフレーズを多用するのは好ましくありません。もともとunderstandという言葉を聞くと、アメリカ人は「承諾した」と受け取ることが多いので、その直後に

第4章 アメリカ人に伝わり、仕事がサクサク進む、英語の極意　113

but を続けて否定するのは、あまり感じのよい話し方ではないからです。

「相手の言っていることを理解はしたけれど、同意や承諾をするわけではない」場合は、次のような表現を使いましょう。

・I have listened to what you say.
（あなたがおっしゃることを聞いています）
・I see what you're saying.
（あなたがおっしゃることはわかります）

②使い方を間違えやすいidea / ideas

idea/ideas も「中学生でもわかる単語」ですが、ビジネスシーンで使い方を間違えて場を凍らせてしまう日本人が少なくありません。

たとえば、意見を求める場合は、
・Do you have any ideas?
（何か意見はありますか？）
と言うのが正しいのですが、うっかり、
・Do you have any idea?
（あなた、わかっているの？）
と言ってしまうと、これはかなり「上から目線」の表現になります。

また、会議で意見を聞かれたときによい考えが浮かば

ない場合、

・I have no ideas.

(よい考えが浮かびません)

と言うのは構いませんが、

・I have no idea.

(わかりません)

と言ってしまうと、"I don't know." にニュアンスが近く、投げやりな感じがします。

③「それは確かですか?」と聞くときの適切な表現

会話のなかで、「それは確かですか?」「本当ですか?」といったフレーズを使う場面はよくあるでしょう。このとき、

・Are you sure?

(それは、確かですか?)

という表現は、「あなたはきちんと確かめたうえで言っているのか」と詰問するニュアンスがあるので、使い方には注意が必要です。

疑うニュアンスを込めずに、「それ、本当?」というくらいの受け答えをしたいなら、次のような表現を使いましょう。

・Is that certain?

(それは確かですか?)

・Is that true?

(それは本当ですか？)

アメリカ人を喜ばせる、「褒める技術」を身につける

　日本人は、面と向かって相手を褒めるのが苦手な人が多いようです。

　しかしアメリカ人と仕事をするなら、相手を喜ばせて良好な関係を築くためにも、時と場合に応じて、きちんと「褒める技術」を身につけたほうがいいでしょう。

　もともとアメリカ人が自信満々でポジティブなのは、親や周囲に褒められ、認められて育ってきているという背景があります。アメリカ社会では、積極的に褒め言葉を口にするのは、ごく自然なことなのです。

　なお、もともと褒めるのが苦手な人が頑張って褒めようとすると、うっかりパワハラやセクハラととられかねない言葉を口にしてしまうこともあるので、十分に気をつけてください。容姿に言及したり、プライベートなことに不用意にコメントしたりするのは厳禁です。仕事上のこと、具体的には直近のパフォーマンスやその人が持っているスキル、リーダーシップなどについて褒めるようにしましょう。

次に「褒め言葉」のバリエーションをご紹介します。

・I wanted to let you know that your contribution to the team was extremely valuable for the organization.

(チームへのあなたの貢献は、会社にとって非常に価値のあるものでした)

・I was quite impressed with your presentation at the sales meeting this morning.

(今朝の営業会議でのプレゼンテーションは、とてもよかったです)

・It was amazing how you were able to convince the customer to accept our terms.

(我々の要求をのんでもらえるように顧客を説得できたなんて、素晴らしいです)

・I am very pleased with how you are supporting the new members.

(あなたが新しいメンバーをサポートする姿勢を、とても嬉しく思います)

・I appreciate that you were an active participant in our team.

(チームのなかで積極的に活動してくれてありがとう)

・It was great how you handled that difficult client.

（気難しいクライアントに対し、素晴らしい対応をしてくださいました）
・You're really mastering the PowerPoint.
（パワーポイントに本当に詳しいのですね）

　相手を褒めるときは、感謝の言葉も添えられると理想的です。また、コミュニケーションを円滑にするためにも日頃から「ありがとう」という言葉をたくさん口にするよう心がけたいもの。ここでは "Thank you." 以外の「感謝を伝える表現」も押さえてしまいましょう。

・Thanks so much.
（本当にありがとう）
・That's very kind of you.
（ご親切にありがとう）
・You are so helpful.
（とても助かりました）
・I am thankful for your helping me with my work.
（仕事を手伝ってくれてありがとう）
・You're awesome!
（あなたは最高です！＝本当にありがとう！）
　*awesome ＝素晴らしい
・Thank you for your guidance.

(ご指導ありがとう)

・You've been very helpful.
(助かりました)

・I'm very grateful for your cooperation.
(あなたのご協力にとても感謝しています)

・I don't know what to say!
(なんて言っていいか、わかりません！＝本当にありがとう！)

・I really appreciate that.
(本当にありがとう)

・I appreciate your help.
(助けてくれてありがとう)

・I'm grateful for your assistance.
(ご支援に感謝します)

文章は「型」を意識し、「PEEL方式」で書く

　英語でレポートなどの文章を書く際には、1つひとつの英文について検討する前に、文章の全体像を考えて、「型」を決めるのがコツです。

　アメリカでは学校教育で文章の書き方を教える際、日本のようにただダラダラと作文を書かせたりはしません。文章の型を身につけ、それに沿って書くことを教え

ます。
　ですから日本人が英文を書く際には、アメリカ人が身につけている型を押さえておけば、アメリカ人から見て「わかりやすく」「説得力のある」文章にしやすいのです。

　型にはいろいろな考え方がありますが、使いやすいのは「PEEL方式」です。これは、

・P＝Point＝読み手に最も伝えたいこと
・E＝Evidence＝事実、統計、専門家の意見、引用
・E＝Explanation＝Evidenceが、なぜPointをサポートするのかについての自分の意見
・L＝Link＝Evidence/ExplanationがPointにどう結びつくかのまとめ、もしくは次のトピックへのつなぎ

という「型」です。
　PEEL方式では、最初に読み手に一番伝えたいポイントを書き、続いて、その言いたいことを補強するようなデータ、専門家の意見、メディアからの引用などを並べます。
「統計データではこういった傾向が示されています」
「あの有名な○○氏もこう言っています」

「ニュースサイト○○にはこう書かれています」

といった情報です。

次に、論拠として挙げた上記のような情報をどう解釈すべきかを述べ、自分が言いたいことについて説得力を持たせる記述を続けます。

最後に結論として、Evidence、Explanation をリンクさせながら、自説を要約して記述します。必要に応じて、「それでは続いて……」というように、次の論点につなげます。

なお、ビジネス英文メールには PEEL 方式がそのまま当てはまるわけではありませんが、やはり型を決めておくと、書きやすくなります。私がおすすめしているのは、

(1) 定型の挨拶文を書く
(2) そのメールで一番伝えたいポイントを明記する
(3) 理由、説明を添える
(4) まとめとして、相手に求めることを明確にする（書類を提出してほしい、メールに返信してほしい、など）
(5) 最後に定型のお礼を添える

という「型」です。

必ずこの通りでなければならないというわけではありませんが、行き違いが生じにくい英文メールを書くには、何らかの合理的な型に沿って、必要な情報を過不足なく記載できるようにしておくほうがいいでしょう。

メールでは長々と書かず、要望や理由を端的に伝える

私は、指導している日本人ビジネスパーソンから英文メールの添削を依頼されることも多いのですが、残念なことに、一生懸命書かれた英文メールの大半が、「書かなくてもいいこと」で埋められています。

まず押さえておきたいのは、ビジネスメールについては「用件が明快でわかりやすいことが第一」だということです。

意図がわかりにくい長いメールは、読み手の負担になりますし、誤解も発生しやすくなります。特にネイティブではない日本人が英語でメールを書くとなれば、目標は「いい文章」ではなく、「確実な意思疎通」に置くべきでしょう。

長々とわかりにくい英文メールを書いてしまう人に話を聞くと、どうも「失礼がないように」と考えるために、丁寧で長い文章になってしまうことが多いようで

す。

　しかし英文メールに関しては、「失礼にならないように」と過剰に心配する必要はありません。最初と最後に定型の挨拶やお礼が入っていれば、相手に失礼になることはありませんから、どうぞご安心ください。

　ビジネスメールのコツは、定型の挨拶とお礼の間に、ごく短く端的に用件を書くことです。何かを要求するときは理由も添えるべきですが、明らかに余計な情報を書き添えたり、遠慮して遠回しな書き方をしたりする必要はありません。

　用件は、箇条書きにしても構いません。たとえば会議のあとで合意内容を確認するメールなどは、箇条書きのほうが情報を整理しやすいでしょう。「格好いい英文を書けるようになれたら……」といった願望は、ここでは捨てておきましょう。

　先ほどご紹介した型を参考にして、「英文メールのパターン」を決め、それに従って書くのが合理的です。

　英文メールのパターンを身につけていただくために、いくつかメールの文例をご紹介しましょう。同じ内容で、「悪い例」と「よい例」の両方を見ていきます。

社内システムの不具合の修正を担当者に依頼する場合

【悪い例】

Dear IT staff,
Hello. I have a problem. I tried to download the yesterday's sales data this morning and I got an error, so I could not. I also had a problem last week. I think that there is a problem with the database on the system. I need to give the data to my boss every morning. Please resolve this issue as soon as possible. Thank you for your help in advance.

ITスタッフの方へ
こんにちは。問題発生です。私は今朝、昨日の売り上げデータをダウンロードしようとしましたが、エラーがあってできませんでした。先週も問題がありました。私はシステム上のデータベースに問題があると思います。私は毎朝上司にデータを渡す必要があります。できるだけ早く、この問題を解決してください。どうぞよろしくお願い致します。

　これは、まず書き出しが失礼です。また、不具合の説明は要点がわかりにくいと言えます。メールで何か依頼する際は期限を明確に設定すべきですが、それも書かれていません。

さらに、問題を解決してほしい場合、自分本位の理由ではなく、相手が問題を解決すべきだと思ってくれるような理由を書き添えるべきでしょう。

【よい例】
Dear IT staff,
Hello. Thank you for your continued support.
I would like you to urgently resolve the recurring issue with downloading sales data. This morning, I got an error message as attached and was unable to download the data. The same issue happened last week. Could you investigate the issue and resolve it by the end of this week? The timely data is critical for the management to develop the next strategy every morning. If you need further information, please let me know. Thank you.
*urgently＝緊急に　*recurring＝繰り返し起こる
*attached＝添付の

ITスタッフの方へ
こんにちは。いつもサポートくださりありがとうございます。売り上げデータのダウンロードに関し、繰り返し起きている問題の解決を早急にお願いします。今朝、添付のエラーメッ

セージが出て、ダウンロードができませんでした。先週も同じ問題が起きています。問題を調査して、今週末までに解決をお願いできますでしょうか？ 経営陣が次の戦略を展開させるために毎朝タイムリーなデータを必要としています。より詳細な情報が必要であれば、お知らせください。いつもありがとうございます。

「悪い例」のメール文との違いをよくチェックしてみてください。

まず「よい例」のメール文は、書き出しとして、日頃のお礼を言う配慮があります。

また、エラーメッセージを添付するなど問題の提示が具体的です。期限も明記されていますし、なぜ問題の解決が必要なのかを「ビジネス上の観点から」、わかりやすく説明していますね。

経理部担当者が予算を決めるための資料の提出を依頼する場合

【悪い例】
Dear Marketing Manager,
Sorry for bothering you when you are so busy. It seems to me that I have not received the three documents which I requested last month. What I am asking is an expense report for the current

fiscal year, a plan for the next fiscal year expense budget, and materials to explain the key differences between this fiscal year and the next fiscal year. I apologize for the reminder, but please submit it by tomorrow.

マーケティング・マネージャーへ
あなたがとても忙しいときにお邪魔して申し訳ありません。私が先月要請した３つの書類ですが、まだ届いていないようです。私がお願いしたのは、今年度の経費報告書、次年度の経費予算計画、今年度と次年度の主な違いを説明する資料です。催促して申し訳ありませんが、明日までに提出してください。

【よい例】
Dear Marketing Manager,
Thank you for your continued support for our budget process. This is just a reminder that we have not received the following documents from you yet.
・an expense report for the current fiscal year
・a plan for the next fiscal year expense budget
・explanation of the key differences between the current and next fiscal year budget

Could you submit them no later than tomorrow?
Thank you for your help.

マーケティング・マネージャーへ
予算策定のプロセスへのご協力をありがとうございます。下記の３つの書類をまだご提出いただいていないことをリマインドさせていただきます。
・今年度の経費報告書
・次年度の経費予算計画
・今年度と次年度の主な違いを説明する資料
明日までに提出していただけますでしょうか。ご協力をありがとうございます。

「悪い例」のほうは、アメリカ人の感覚ではへりくだりすぎで、プロフェッショナルな印象を与えられません。「失礼にならないように」と遠慮しすぎたケースと言えます。
　また相手にリクエストしているものについては、ダラダラと書かずに、箇条書きにしたほうがわかりやすいでしょう。

取引先に情報提供を依頼する場合
【悪い例】
Dear X Customer,

Thank you for your continued business. Our company will soon have its fiscal year-end closing. We need detailed information with overseas business partners. Based on the last invoice, I think that the address of your head office has changed. I'm sorry to bother you, but could you tell me your new address? It will be highly appreciated if you can contact us as soon as possible.

*invoice＝請求書

Xカスタマーさま
いつもお取引をありがとうございます。当社はまもなく年度末の決算を迎えます。海外の取引先の詳細な情報を必要としています。先日の請求書を見ると、御社の本社の住所が変更になったように思います。お忙しいところ申し訳ありませんが、新しい住所を教えていただけませんでしょうか？　なるべく早くにご連絡いただけると助かります。

【よい例】
Dear X Customer,
Thank you for your continued business. For the statutory requirement upon our fiscal year-end closing, we need to provide the detailed

information of our overseas business partners. Please provide your latest address to me by the end of this week. Thank you for your help.
＊statutory＝法定の

×カスタマーさま
いつもお取引をありがとうございます。当社の年度決算に伴う法的要件で、海外の取引先の詳細な情報を提供する必要があります。今週末までに、御社の最新の住所を私にお知らせください。ご協力をありがとうございます。

「悪い例」のほうは、顧客に「最新の住所を教えてほしい」と依頼する理由が明記されていません。年度末の決算とはいっていますが、それだけで相手に理由を察してもらうことは期待できないでしょう。

　アメリカなど海外の企業は、理由が明確でないと情報提供などの対応をしてくれない場合がありますから、「法的な理由がある」といった場合は、きちんとその旨を記載するようにしてください。

メールで伝えるより、直接会って話そう

　日本人は、長々とした英文メールを書いてしまうケースが目立ちます。アメリカ人の上司が非常に多忙で、日

頃コミュニケーションがとれていないと、メールを送る機会に伝えておきたいことをあれこれ盛り込みたくなるようです。

しかしながら、こういったメールはやめたほうがいいでしょう。メールは基本的に「1つのメールで1つのトピック」とするのが、最も誤解を生みません。

また、アメリカ人は、部下と対面で話すことを非常に重要だと考えています。どんなに忙しそうに見えても、必要であれば時間を作ってくれるはずです。

相談したいことがある場合は、次のように伝えるといいでしょう。

・Would you be able to share 10 minutes with me sometime today?
（今日のどこかで10分お時間をいただけませんか？）
・Could you spare me a few minutes sometime this morning?
（今日の午前中、数分お時間をいただけますか？）

日本語であれば微妙なニュアンスでも簡単に報告できるのに、英語で伝えるとなれば、そうはいかないケースも多いもの。口頭よりは、まだメールのほうが気が楽だと思って、渾身のメールを書いてしまうこともあるかもしれません。

しかし、その姿勢ではいつまでも自分の英会話力が伸びないだけでなく、アメリカ人上司との真の信頼関係も築くことができません。

私も以前、アメリカ人上司にちょっとした不満をメールで書いてしまい、大失敗したことがあります。私が上司に送ったメッセージは、仕事量に少々配慮してほしいというもので、大きな不満を感じていたわけではありませんでした。

ところがそのメールを受け取った上司は、私が大変な不満を抱えていると勘違いして深刻に受け止め、人事部長にまでそのメールを転送し、みんなで話し合うことになってしまったのです。

私は英文メールで大げさな表現を使っていたわけではありません。それこそ、受け止め方の違いからくる予期せぬトラブルでした。

ちょっとしたお願いは、わざわざメールを書くのではなく、口頭で伝えたほうがニュアンスを理解してもらいやすいのです。

就職・転職に役立つ
自己アピール法&質問リスト

本書の読者のみなさんのなかには、これから外資系企

業への就職や転職を目指し、面接を受けるという方もいらっしゃるでしょう。

そこでぜひ知っておいていただきたいのは、アメリカの会社の面接を受ける際は、どんどん質問したほうがよいということです。

アメリカ人は、自社への就職を希望する人について「会社にフィットするかどうか」「双方ハッピーに働けるかどうか」を非常に大事にします。このため、入社してから「こんなはずではなかった」とならないよう、しっかりお互いのことを知るべきだという考えがベースにあります。

ですから、面接を受けるときは「ポジティブに適切な表現で聞けば、何を質問してもいい」と考えてください。日本企業では聞くのがはばかられるようなことでも、気にする必要はありません。アメリカ人はむしろ、いろいろな質問をしてくる人については、「積極的でよい」とプラスに受け取る傾向があります。

逆に、自分のキャリアの可能性などについて積極的な質問がないと、「消極的な人だ」とみなされるおそれもあります。

ちなみに、たとえ面接官が答えられないような質問をしても、アメリカ人は素直に「答えられない」と言うだけで、「そんなことを聞くのか」などとネガティブに捉

えたりはしませんから、どうぞご安心ください。

　面接の場できちんと質問することは、会社のカルチャーや自分の将来性を知り、働きやすい環境かどうかを判断するための重要なステップです。

　私が見聞きする限り、外資系企業に転職して失敗する人の多くは、面接の時点でミスマッチを判断できなかったことを後悔しています。外資系企業は転職エージェント等からの情報も限られていることが多いので、「必要な情報をすべて取るために面接に行く」つもりで臨んでください。

　次に、面接で会社を理解するための質問例をご紹介します。

・What kind of career development plan does your company have?
（あなたの会社にはどのようなキャリア開発プランがありますか？）
　※キャリア開発プランは仕事のローテーションや異動、研修機会の計画のこと。
・What opportunities for advancement are available here?
（昇進の可能性はどのようなものがありますか？）
・What qualities are the most important for

doing well and advancing here?
(御社で出世していくために最も重要な資質は何でしょうか？)

・What are the challenges of this position?
(このポジションで大変なことはどんなことですか？)

・What career development opportunities does this position offer?
(このポジションで入社した場合、どのようなキャリア開発の機会がありますか？)

・In what way is performance measured and reviewed?
(自分の業績はどのように判断され、評価されますか？)

・What is the typical career path for someone in this role?
(このポジションで入社した場合、どのようなキャリア展開がありますか？)

・Who would I be reporting to?
(私の上司はどなたになりますか？)

・What is the company doing to maintain its market strength?
(会社は競合他社に対する競争力を維持するために何をしていますか？)

・What major challenges has the company recently faced?

（会社が最近直面している大きな経営課題はどんなことですか？）

・Where do you think the company is headed in the next 5 years?

（5年後、会社はどのような状況になっていると思いますか？）

・Do you know any anticipated cutbacks in any departments in the near future?

（近い将来、どこかの部門で人員削減を予定していますか？）＊cutback＝削減

・How would you describe the company's culture?

（社風はどのようなものですか？）

・What do you like most about working for this company?

（あなたがこの会社で働くうえで最も好ましく思っていることは何ですか？）

いかがでしょう？　おそらく「そんなことまで質問していいのか」と感じるものが多かったのではないかと思いますが、どれもまったく問題ありませんから、どんどん活用してください。そして、どんな質問をするときも、お腹から声を出すようにはっきりした発声で、堂々と聞いてください。

「食事に誘うとき」「誘われたとき」の便利な英語表現

　グローバルにビジネスを展開している企業で働くと、各国の社員が出張で顔を合わせたり、どこかの国で勉強会やワークショップが開催され、普段は別の拠点で働いている外国人と会ったりすることがあります。

　日々の仕事をスムーズにするには、そういった場面での出会いを大切にし、コミュニケーションを深める努力が欠かせません。

　たとえば、普段メールだけでやりとりしている人が目の前に現れたら、それは絶好のチャンスです。メールでは言いにくいことも、直接顔を合わせているときならサラッと頼めたりするものだからです。

　しかし残念なことに、こういった場面で、日本人同士でつるんでしまう人は少なくありません。慣れない出張先などでは、仕事が終わったら日本人だけでのんびりしたいと思うのも無理はありませんが、そこはせっかくのチャンスです。

　できれば、そこで出会えた人たちを自分から誘い、その国でしか食べられないものを一緒にいただくようにしましょう。

　自分が海外に行ったときはもちろんのこと、外国人が

出張などで日本に来た場合も、「今晩は一緒に食事をいかがですか」などと積極的に誘うべきですし、もし相手から誘われたら、仮に疲れていてもなるべく行くようにしましょう。

私がこれまで出会ってきた「グローバル企業でバリバリ仕事をし、出世するビジネスパーソン」は、タフに仕事をこなす一方、食事などコミュニケーションの場面を心から楽しんでいる人ばかりでした。

仕事上で大事なことが、最後は「人と人」の関係で決まるというのは、日本企業だけでなく、グローバルな企業でも変わりません。その意味で、「どれだけ多くの国で、どれだけたくさんの人と一緒に食事を楽しめるか」は、「出世する日本人」になれるかどうかのバロメーターになるといえるかもしれません。

1つ具体的なアドバイスをすると、日本に来た外国人を誘って食事に行く場合、「ぜひ和食を」と考える人が多いようです。しかし、格式ある和食のお店は会話が弾みにくく、何かと気を遣って自分自身も楽しめないケースが多いので、あまりおすすめできません。もちろん、そういった格式高いところを好むエグゼクティブもいますが、和食は味が薄めなので、一般的なアメリカ人の口には合わないことも知っておきましょう。

私がこれまで外国人を連れて行って喜ばれたのは、お

好み焼き、たこ焼き、鉄板焼きなどです。

　外国人のなかにはベジタリアンなど食べられるものが制限されている人がたくさんいますが、鉄板焼きならベジタリアンの人も野菜だけ選んで食べられます。厳格なベジタリアンの人は、慣れない日本食で、知らないうちにお肉などを口にしてしまうのを心配しています。鉄板焼きは、何を食べているか自分の目で確認できるので安心するようです。

　また、お好み焼きやたこ焼きは、バーベキュー好きなアメリカ人には「異国のバーベキュー的なもの」として楽しみやすいようです。バーベキューと同様、共同作業になるので、「今日はこれでチームワークを高めましょう！」などと言って関係性を深めるのにもぴったりですし、味つけが濃いのでアメリカ人の口にも合いやすいといえます。英語が苦手な日本人が同席していても、手持ち無沙汰にならず、楽しい交流をすることができます。

　なお、お店を選ぶ際、アメリカ人は正座ができないことを覚えておいてください。掘りごたつは OK ですが、座敷は基本的に NG です。

　ここで、外国人を食事に誘うときのフレーズや誘われたときの返事のしかたをまとめて押さえておきましょう。

- We would like to take you out to dinner.
（ディナーにお連れしたいと思います）
- Since you will be in town Wednesday night, I was hoping you would join me for dinner.
（水曜日の夜にこちらにいらっしゃるので、ディナーをご一緒できないかと思っています）
- It would be delighted if you could join us for lunch on Friday after our meeting.
（金曜日の会議のあとに、ランチをご一緒できたら嬉しいです）
- Sounds great. That's very kind of you.
（いいですね。ご親切にありがとうございます）
- I'm afraid I have another appointment.
（あいにく別の約束があります）
- When will be convenient for you?
（いつがご都合がよろしいでしょうか？）
- I'll adjust my schedule accordingly.
（そちらのご都合に合わせます）*accordingly＝それに応じて
- Do you have any preference on the type of restaurant?
（何系のレストランがいいか、ご希望はありますか？）
- Is there anything specific you would like to try while you are here?

（こちらにいらっしゃる間に、特に試してみたい〈食べ〉物はありますか？）
- What kind of Japanese food would you like to try?

（どんな日本料理を試してみたいですか？）
- Do you have any allergies or dietary restrictions?

（あなたはアレルギーや食事制限などはありますか？）

*restriction＝制限
- Is there anything you prefer not to have?

（あまりお好きでないものはありますか？）
- Are there any types of food that you don't eat?

（召し上がらない食べ物はありますか？）

第5章 使える英語を学ぶには コツがいる！

「英語ペラペラになる」という幻想を捨てる

第5章では、「これから英語を学び直して、ビジネス英語をものにしたい」と考えている方に向け、学び直しのポイントをお伝えしたいと思います。

最初に頭に入れていただきたいのは、「英語ペラペラになりたい」「英語をまったく不自由なく使えるようになりたい」といった非現実的な願望は捨てたほうがよい、ということです。

「英語ができる人」というと、多くの人は、「字幕なしで映画を見て、内容が全部わかる」「ビジネスのやりとりも趣味の話もできるし、冗談も言える」「ニュースを読んだり聞いたりして理解できる」といったイメージを抱くようです。

しかし断言しますが、このような「英語ペラペラ」に象徴される状態になるのは、まず無理です。

みなさんの周囲に、「英語ペラペラ」のように見え、英語でバリバリ仕事をしているビジネスパーソンがいたら、

「字幕なしで映画を見て、どれくらい内容がわかります

か?」

と尋ねてみてください。

おそらく、わかりやすい内容の映画でも、6〜7割というのが順当なところではないかと思います。

「ビジネス英語がばっちりな人で、6〜7割なの?」と不思議に思うかもしれませんが、そもそも映画やドラマを英語で理解するというのは非常に難しいのです。

というのも、映画やドラマは、その国の文化的背景への理解がないと、内容についていけないことがあるからです。

これは、逆の状況をイメージしていただくと、わかりやすいでしょう。

たとえば日本で働いているアメリカ人の同僚と、日本人のビジネスパーソン数人とで食事に行ったと考えてください。そこで日本人同士が、昔見ていたドラマや読んでいた漫画の話をした場合、アメリカ人がその内容を理解したり話についてきたりするのは難しそうだと思いませんか?

ビジネスで英語を使いたい人が「まずは日常会話から」と考えるのも間違いといえます。

理由は、映画やドラマが理解しにくいのと同じことです。日常会話というのは場面が多様ですし、相手によっ

て話題もさまざまですから、その背景をふまえて意思疎通するのは、簡単なことではないのです。

「基礎から勉強」「TOEICから」も失敗パターン

ビジネスパーソンが英語を学び直そうとするときは、いくつかのパターンがあります。

1つは、「基礎から勉強し直さなくては」と考え、学生時代のように英単語集や英会話フレーズ集を頭から覚えようとする方法です。

「基礎からまんべんなく」というのは正しいアプローチだと考えられがちですが、実は非常に挫折しやすいといえます。それは、「今日頑張って覚えた単語やフレーズをいつどう使うのか」があいまいで、モチベーションを維持しにくく、英語力アップも実感しにくいからです。

「ビジネス英語ならやっぱりTOEIC」と考え、TOEIC用の参考書や単語集を準備して、試験勉強から入るケースも非常に多く見られます。

TOEICを受けるのは悪いことではありません。会社でスコアを求められているなら、頑張ってそれをクリアする意味はあるでしょうし、TOEICにはビジネス英語を学ぶのに最適な問題が多いのも確かです。

しかし、TOEICにこだわってしまうと、目標とするスコアをとることに一生懸命になりがちなことに注意が必要です。このパターンに陥り、いつまでたってもTOEICを「卒業」できない人もめずらしくありません。
「TOEICの勉強を毎日続けていれば、そのうち自然に英語を話したり聞き取ったりできるようになるのでは？」
　そう思っている人がいるとしたら、ここではっきり「それはない」とお伝えしたいと思います。現実には、TOEICの学習に一生懸命取り組み、高スコアに達したにもかかわらず、その力を実践でどう生かすかを意識して学習していなかったために、会話力にまったくつながっていない人が多くいるのです。

使う「場面」を考えれば、最短でビジネス英語をものにできる

　では英語の学び直しは、どのようなスタンスで臨むのがよいのでしょうか？
　強くおすすめしたいのは、みなさん自身が仕事としている分野にフォーカスすることです。
　より具体的に言うならば、みなさんが仕事を通じて耳にしたり読んだりする英語こそ、最優先で身につけるべき単語やフレーズのかたまりなのです。
　これらはポイントを押さえれば攻略しやすいうえ、身

につければ「ビジネス英語力」アップの効果が実感しやすく、そして実際にすぐ役立てることができるでしょう。

忙しいビジネスパーソンにとって、英語を身につける目的は「ペラペラ」という幻想を追うことではないはずです。あくまでも仕事で活躍し、昇進・出世していくことを主眼に、その手段としての英語を効率よく身につけることこそ重要でしょう。

そのためには、自分が身につけるべきビジネス英語の範囲をしっかり絞り込むべきです。そして、厳選したものを身につけたら、また次に身につけるべきことを決めて学ぶということを繰り返していくのです。

「勉強する範囲を絞り込みましょう」と急に言われても、戸惑う方が多いのではないかと思います。

しかし、これはさほど難しいことではありません。まずは具体的に、みなさんがどんな場面で英語を使いたいのかを考えてみてください。

たとえば、「次の海外出張で会議に出席する」という人なら、会議という場面に限定して使うフレーズを考え、身につけます。

「電話会議でスムーズにやりとりできるようになりたい」という場合、電話会議で頻出するフレーズを理解

し、使えるようになるのが最優先です。

あるいは、「今度アメリカ人が上司になるので、雑談で趣味の野球の話ができるようになりたい」というなら、野球についてどんな話をしたいのか、どんな会話を交わしたいのかをイメージし、そのための単語やフレーズを考えて学んでもいいでしょう。

コツは、場面をきちんと絞り込んで、学習の優先順位をつけることです。

あれもこれもと欲張ると、気づいたら「自信を持ってしゃべれる場面が1つもない……」ということになりかねません。

ここは夢を大きく持つことを封印し、「地道に1つずつ」クリアしていくことをすすめます。

それこそがみなさんの出世につながる、「ビジネス英語を使えるようになる」ための最短コースなのです。

4つのステップで身につけるべき英語を明確にする

ここで、私が英語を指導する際に使用しているワークシートを見ながら、具体的な場面設定と英語学習の方法をご紹介したいと思います。148〜149ページをご覧ください。これは、私が指導しているAさんが、実際にワ

最短で英語力を身につけるための4ステップ

ステップ1 目標設定 目標とする状況と時期 Situation & Timing	ステップ2 現状レベル把握 今、言えることは？ What can I say now?	ステップ3 具体的に話したいことは？ 将来言えるようになりたいことは？ What do I want to say in the future?	
1. アメリカ人クライアントとの定例会議に出席する （2018年6月）	●聞き取るのがやっとで、わからないことがあっても自分から質問できない	●内容がわからないときは、適切な表現で質問したい	
2. アメリカ人クライアントと一緒にランチに行く （2018年8月）	●趣味を聞く程度	●より相手を理解し、親しくなるために、関心があることなどを聞いてみたい	
3. アメリカ人クライアントとの定例会議に1人で参加して、会議を仕切れるようになる （2018年10月）	●質問やコメントがないかを尋ねる程度	●会議をスマートに開始し、意見交換をして、時間内に終了できるようになりたい	

ステップ4 **必要なフレーズは？** そのためにやらなければならないことは？ What do I need to do?	
	●聞き取れなかったときに、もう一度言ってもらうフレーズを学ぶ ●会議で質問するときに使えるフレーズを学ぶ ちょっと割り込んでもよいでしょうか？ May I interrupt you for a moment? もう一度言ってもらえますか？ Could you say that again?
	●ランチの会話に適切な質問フレーズを学ぶ ●話が盛り上がりそうな話題の振り方のフレーズを学ぶ この夏は何か予定がありますか？ Do you have any plans for this summer? 最近何か面白い映画を見ましたか？ Have you seen any interesting movies these days? どのようなきっかけでマーケティングの仕事につきましたか？ How did you get into marketing?
	●会議を仕切る立場で使うフレーズを学ぶ それでは始めましょう Let's get down to business. この提案についてはどう思いますか？ How do you feel about this proposal? では次の議題に移りましょう Now, let's move on to the next item. まとめましょう Let's wrap up.

ークシートに記入したものです。Aさんは、アメリカ人のクライアントを持つ営業担当者のアシスタントをしています。現在は英語ができる先輩の補佐ですが、近い将来、独り立ちを目指している女性です。

ワークシートに記入すると、自分に何が足りなくて、何をすべきなのかが一目瞭然になりますし、モチベーションアップにもつながるので、一石二鳥です。

■ステップ1　目標設定

まず、具体的に英語を使いたい仕事の場面を設定してください。目標とする時期も明確にしましょう。

Aさんの場合、アメリカ人のクライアントとの定例会議があり、まずはその会議の場面でステップアップするのが目標だといいます。

さらにその先に、「アメリカ人クライアントと一緒にランチに行く」「アメリカ人クライアントとの定例会議に1人で参加して、会議を仕切れるようになる」ことを目標として設定しました。

みなさんも、自分が英語を使いたい場面と時期を、ここで考えてみてください。たとえば、「今、1時間くらいかけて書いている英文メールを、1カ月くらいの間にもっと速く書けるようになりたい」「3カ月後に海外のワークショップに出席したとき、自己紹介をスムーズにしたい」など、目標はどんなものでも構いません。

■ステップ2　現状レベル把握

次に、目標設定した場面において「今すぐにその状況に自分が置かれたとき、英語で何がどこまでできるか」を考えてみましょう。

ここで、理想の自分とはかけ離れた現状を認識する人も多いと思います。しかしながら、現状の課題を整理すれば、優先的に身につけるべきものが見えやすくなります。

Aさんの場合、アメリカ人クライアントとの会議では「聞き取るのがやっとで、わからないことがあっても自分から質問できない」、ランチの場面では「(相手の)趣味を聞く程度」という状況でした。会議を仕切るとなると「質問やコメントがないかを尋ねる程度」の状態といいます。

■ステップ3　具体的に話したいことは？

現状を把握したら、そのうえで「将来、英語で言えるようになりたいことは何か」を考えて記入してください。

Aさんは、会議では「わからないことがあっても質問できない」のが現状の問題です。そこで、「(会議の)内容がわからないときは、適切な表現で質問したい」と記

入しました。

ランチでは、現状は「趣味を聞く程度」のところ、「より相手を理解し、親しくなるために、関心があることなどを聞いてみたい」と言います。

会議を仕切る場面では、「会議をスマートに開始し、意見交換をして、時間内に終了できるようになりたい」というのが具体的な目標です。

■ ステップ4　必要なフレーズは？

「言えるようになりたいこと」を書いたら、まずは日本語で「これを英語で言いたい」というフレーズを書いてみて、それを英語でどう言えばいいかを書き出します。

Aさんの場合、会議に参加する場面で具体的に必要なのは、「聞き取れなかったときに、もう一度言ってもらうフレーズ」「会議で質問するときに使えるフレーズ」でした。そこで、書き出したフレーズの一部は次の通りです。

・May I interrupt you for a moment?
（ちょっと割り込んでもよいでしょうか？）
・Could you say that again?
（もう一度言ってもらえますか？）

ランチの場面で具体的に必要なのは、「適切な質問フレーズ」「話が盛り上がりそうな話題の振り方のフレーズ」だと考え、次のようなフレーズを日本語と英語で書き出しました。

・Do you have any plans for this summer?
（この夏は何か予定がありますか？）
・Have you seen any interesting movies these days?
（最近何か面白い映画を見ましたか？）
・How did you get into marketing?
（どのようなきっかけでマーケティングの仕事につきましたか？）

　同様に、会議を仕切る場面を想定すると、

・Let's get down to business.
（それでは始めましょう）
・How do you feel about this proposal?
（この提案についてはどう思いますか？）
・Now, let's move on to the next item.
（では次の議題に移りましょう）
・Let's wrap up.
（まとめましょう）

といったフレーズが必要そうです。

このように、4つのステップを通じて「具体的な場面、それに応じた英語」を明確にし、まずはそれをスムーズに使えるようになることを目指します。

具体的に使う場面を想定しているわけですから、練習しておけば、あとは実際に使ってみるだけです。

もちろん学習の過程で、基本的な文法や語彙に不安があれば、それらを同時に克服していく必要があります。そういったことも、実際に現場で使えるフレーズとあわせて学習していくと、記憶が定着する確率が格段に高まります。

このやり方は、「英語でやりたいことができるようになる」だけでなく、「英語で仕事をすることに対して自信をつける」という点でも有効です。

どんなに毎日英語を勉強していても、必要な状況に応じたフレーズを学んでいなければ、使いたいときに適切な表現が出てくることはありません。そして、とっさに言いたいことが言えないと、「こんなに勉強しているのに、簡単なやりとりもうまくできなかった」などと自己嫌悪に陥り、英語が苦手だ、英語で仕事をするのは難しい、などと思い込んでしまう人が少なくないのです。

しかし、日本人の多くは、学生時代に勉強した英語の素養があります。
　また、ビジネスシーンで使う英語は、基本的に背景となる知識を持っていることが多く、たとえば金融業界で働いている人なら、金融に関する会話は、字幕なしの映画よりずっと聞き取りやすく理解しやすいものです。
　私がビジネス英語を指導していて感じるのは、英語が苦手だと思い込んでしまっている人も、実はメンタルの問題が大きいということです。
　そこでほんの一言、言いたいことを言えるだけで自信がついて、その後のビジネス英語学習がスムーズに進むことはよくあります。
　みなさんもぜひ「実際に英語を使う場面」を考え、「言いたいこと」を想定したうえで、フレーズを身につける学習法を取り入れてみてください。

　ちなみに、このシートを使って指導していて感じるのは、「何をどう言えば、外国人とのビジネスがうまくいくのか、日本語でも言えない人が非常に多い」ということです。
　もちろん日本語と英語では、同じ意図を持っていても使うべき表現には違いが生じることもあります。しかし、そもそも日本語で何を言いたいか、何を言うべきかがわかっていない状態で、英語で適切な発言をするのは

不可能です。

このような状態では、英語力以前に、ビジネスコミュニケーションの基礎力が足りないと考えなくてはなりません。心当たりがある人は、まず「ビジネスをうまく進めるために必要な会話」とはどんなものなのか、日本語で具体的に考えるステップをふむようにしてください。

ビジネス英語は「応用範囲」が広い

「場面を設定して必要な英語表現を考え、それを身につける」という学習方法をご紹介すると、「そんな悠長な方法でいいのか」「もっと大量の英文を丸暗記したほうがよいのでは？」などと言われることがあります。

この点については、言えることが2つあります。

1つは、「もしかしたら使うこともあるかもしれない」フレーズを「数を打てば当たる」方式で身につけるより、**「確実に使う」フレーズを身につけるほうが、実際にビジネスシーンで役立てられる**、ということ。「とにかく量を覚える」という方法を完全に否定するわけではありませんが、ビジネス英語を最短で身につけるには、非効率的なやり方だと思います。

もう1つは、ビジネス英語は「応用範囲」が広いとい

うことです。仕事というのは、思っている以上に「似たような表現を求められる場面」が多いもの。身につけた英語は、想定した場面以外でも使えることがよくあります。

たとえば、自己紹介の場面を想定して、

・I am an expert on small business consulting.
（私は中小企業のコンサルティングの専門家です）

という表現を身につけたとしましょう。この表現は、転職の面接、あるいは営業などの場面での自己アピールでも使えます。たとえば、

・I am an expert on small business consulting like your business. I can help you how to expand the sales in the most cost-effective way.
（私は御社のような中小企業のコンサルティングの専門家です。最も費用対効果の高い方法で販売を拡大するお手伝いをします）

といったような応用が可能です。同様に、次の自己紹介のフレーズも、自己アピールの場面でそのまま転用可能です。

・I manage an advertising agency, specializing in retail business.
(小売業を専門とする広告代理店を経営しています)

・I manage an advertising agency, specializing in retail business. We can provide the most advanced marketing technique to help your expansion.
(小売業を専門とする広告代理店を経営しています。私たちはあなたのビジネスの拡大に役立つ最先端のマーケティング手法を提供することができます)

また、「会議で使えるフレーズ」も、上司との会話や社外の人との交渉に転用できるものがたくさんあります。例として、いくつかご紹介しましょう。

・I would like to get your opinion about this.
(この件について、あなたのご意見をお願いします)
・Perhaps you could tell us what you think about that?
(それについてどのように考えているか、教えていただけますか?)
・That's a good point.

(それはよいポイントです)
・That's exactly the way I feel.
(私もまさに同感です)
・From my perspective, it's a little different. Let me explain.
(私の見方は少し異なります。説明させてください)
・I'm afraid I don't understand what you are getting at.
(すみません、何をおっしゃりたいのかわかりません)

いかがでしょう。どのフレーズも、ビジネスのいろいろな場面で「使える」ことに気づきませんか？

デキる上司や外国人を「真似る」のが近道！

「場面を想定して勉強する」方法以外にも、即効性が高いビジネス英語のフレーズを身につけるやり方があります。それは、英語でスムーズに仕事をこなしている日本人上司や、仕事で接する外国人が実際に使っているフレーズを、そのまま真似ることです。

実はこれは、私自身が外資系企業でずっと続けてきた英語勉強法でもあります。

「仕事がデキる人」「外国人にとって自然な表現を使える人」が、どんなときに、どんな表現を使うのかに注目し、「これは」と思ったフレーズは、メモをとって覚えていました。
　たとえば、
「なるほど、窮地に陥ったときは、こんな言い方で説得するのか」
「いつも忙しそうなアメリカ人上司に時間を作ってもらうには、こんなタイミングで、こんなお願いのしかたがいいのか」
　などと気づいたら、仕事の合間に「自分なら、あのフレーズをどう応用するか」とシミュレーションすることもありました。

　ちなみに、私の外資系企業での経験を通して言えるのは、日本人でビジネス英語をしっかり身につけている人たちは、みんなこの「使える表現をメモして覚える」勉強法を実践していた、ということです。
　ビジネスの場で、すでに英語に接している人なら、映画や海外のニュース番組、TOEICの教材などとは比べ物にならないほど、「すぐ使える」「役立つ」、そして「出世に直結する」教材が身近にいくらでもあるのです。

　これは、専門領域における英語力を磨くうえでも、非

常に有効な方法です。

　市販のビジネス英語の教材などに手を出す人は少なくありませんが、幅広い層をターゲットにした教材には、業界や職種などを限定するようなフレーズがあまり出てきません。

　しかし、もしみなさんが「財務」「マーケティング」など特定の職種についていたり、「IT」「金融」「製薬」といった業界で仕事をしていたりするなら、真っ先に身につけるべきなのは、その業界や職種で頻繁に使われている「共通言語」としての英単語やフレーズです。

　そして、そういった「自分のビジネス領域で使われている、共通言語としての英単語・英語フレーズ」は、市販の教材で勉強するより、まさに仕事の現場で使われているものをどんどん身につけていくほうが、圧倒的に効率がいいのです。

　さらにつけ加えるなら、自分の職場で使われている表現には、その会社ならではの表現も多く含まれているものです。

　これは外資系企業に限らず、日本企業でもよくあることだと思いますが、「その会社のなかでだけ通じる略語」や「一般に使われるのとは違う意味で用いられている言葉」などがあるものです。

　外資系企業に転職したときなどは、こうした「社内用

語」を先に押さえてしまうことが、社内でのコミュニケーションを円滑にするための重要なポイントになります。

この「社内用語」の重要性に気づかず、いつまでたってもそれを身につけられずにいると、同僚や上司との意思疎通がうまくいかなかったり、そもそも会議で交わされている話の内容がきちんと理解できなかったりという問題も起きがちなのです。

「真似る勉強法」で急激に伸びる人は多い

外資系企業で仕事をしていながら、ビジネス英語をうまく使いこなせず、自信が持てなくて苦労している人は少なくありません。

「周りには帰国子女の人や留学経験者がいて、彼らに比べると自分の英語力はぜんぜん足りないんです」

などと訴えて、私のもとにやってくる人もいます。

しかし、この状態の人は、すぐ英語力を伸ばせるケースが多いのです。

私はこのようなとき、周囲に「デキる人」がたくさんいるのは恵まれた環境で、そういった人と自分を比較して自信を失う必要はないということを伝えます。

そのうえで、

「周りのデキる人がどんなフレーズを使っているかをメモして、それを自分が使えるようにすれば、ビジネス英語はすぐ上達しますよ」

と伝えると、

「言われてみれば、そうですね。周りによい先生がたくさんいることに気づいていませんでした……」

と言って、その後、ビジネス英語力をメキメキ伸ばしていくのです。

こういう人は、それまでは「外資系企業のなかで、もっとしっかり英語を使えるようになりたい」という発想で、英語の勉強に邁進し、相応の時間も割いてきたというケースが多く見られます。特に中高年で久しぶりに英語を勉強し始め、気合を入れて、「TOEICで絶対に800点以上を取るんだ」などと目標を掲げて頑張る人が非常に多いといえます。しかし、大学受験のときのような勉強法では、ビジネス英語は身につきません。

「ごく身近にいる人たちこそ、学ぶべき先生なのだ」

そう気づくことが、ビジネス英語攻略の第一歩になると言ってもいいかもしれません。

「真似る」ときは「伝え方」も真似る

デキる上司や外国人の表現を真似るときは、「こんな

フレーズを使っていた」という部分だけでなく、それを「どんな話の流れで」使っていたかにも注目すると、一歩進んだ英語力を身につけられます。

これはどうしてかというと、日本語と英語とでは、「伝え方」が大きく異なるからです。

わかりやすいポイントを挙げれば、英語は必ずといっていいほど、「結論」から話を始めます。

一方、日本人が日本語で話すときは、最初に結論を言うことは少ないでしょう。近年はビジネスシーンで「結論から言え！」などという新人教育も行われているようですが、逆に言えば、そう教えないと日本人は結論から話すことができないわけです。

このような違いは、外国人や帰国子女の「話の展開のしかた」を注意して聞いていれば、よくわかるはずです。

そして、「なるほど、こういう順番で伝えればいいのか」と気づければ、英語でのコミュニケーションがぐっとスムーズになるでしょう。

英語を真似るときは、フレーズだけでなく、最適な伝え方、話の展開のしかたまで「丸ごと」真似ること。そしてそのような話し方を身につけたら、日本語で話すときと英語で話すときは、完全に頭を切り替えるようにす

るのがおすすめです。

英語は「生涯かけて学び続けるもの」と気楽に構える

　さて、ここまでにご紹介してきた「即効性のある、使えるビジネス英語を効率的に身につける方法」を、どれくらい続ければ「英語はバッチリだ」と言えるようになると思いますか？

　ちょっとがっかりさせてしまうかもしれませんが、みなさんに対して誠実に回答するなら、「英語学習に終わりなし。生涯かけて学び続けてください」ということになります。

　よく、「語学は数千時間単位で一定の時間をかけて学べば身につく」とか、「とにかく大量に英語に接すれば身につく」などと言われます。

　しかし、時間をいくら費やしても、言葉は使わなければ、忘れていくものです。実際、長年にわたり英語指導をしていらっしゃるベテランの先生であっても、「もう英語は十分に勉強したから、これ以上勉強しなくていい」などと言う人はいないはずです。つねに勉強を継続し、ブラッシュアップし、あるいはメンテナンスをし続けなくてはなりません。

これは、母語であっても同様の面があります。みなさんも、日本語に不自由するというほどのことはなくても、使っていない漢字が書けなくなったり、新技術の登場などで使われるようになった新しい言葉の意味がわからなかったりということはあるでしょう。

　母語でもこのようなことが起こりうるのですから、最先端のビジネスの現場で働き続けるビジネスパーソンの英語学習に、「これで終わり！」というタイミングがくることはありえません。

　とはいえ、「勉強し続けないといけないのか……」とネガティブに考えるのはもったいないと思います。

　ビジネスの現場に立っていれば、新しい英語の表現に出会ったり、未知の単語の使い方を学んだりということが日々あるはずです。そういった「言葉との出会い」に対し、つねに興味を失うことなく勉強を続けていくことには、楽しみもあるはずです。

　たとえば、世の中の新しい技術やサービスは、海外から入ってくるものもたくさんあります。そういったものを理解する際、インターネットを利用して英語で紹介記事などを読むほうが、中途半端に難しい表現になっている日本語訳よりも、容易に理解できることがあります。

英語ができると、海外の最先端の技術や情報を自分で検索して読み、ビジネスパーソンとしての視野を広げることもできるのです。

　英語学習は、そのときどきでうまく目標設定しながら気長に、気楽に取り組むのが上達のコツともいえます。ぜひ、存分に楽しみながら、生涯をかけて学んでいきましょう。

基本の文法は身につける

「使えるビジネス英語を効率的に身につける」方法の解説は、ここまでお話ししてきた通りです。
　ここからはもう少し一般的な、「文法」「会話」「語彙力」「リスニング」などの英語力アップの方法について、ビジネス英語を使いこなすという観点から、押さえておくべきポイントをご紹介したいと思います。

　まず、英文法については「ビジネス英語では不要」と言う人もいますが、最低限の文法を身につけることは必要です。
　特に、英文メールや報告書など英語を「書く」場面では、文法の基本を押さえておくことが求められます。
　英会話であれば、相手は「この人は英語が母語ではな

いんだな」とわかってくれますから、多少の文法のミスにいちいち突っ込んだり、気にしたりする人はいないでしょう。

しかし、たとえばビジネスミーティングのあと、合意したポイントを整理してメールで共有するといった場面では、基礎的な文法のミスは誤解を招きかねませんし、何より「教養がない人」とみなされるおそれもあります。

ミーティングでせっかく信頼関係を築きかけたのに、メール1本で「この人、大丈夫?」と思われてしまうのは非常にもったいないことですから、文法に不安がある人は、一度復習をしておきましょう。

とはいえ、大学受験レベルの文法問題に取り組む必要はありません。

どこまで必要かと言えば、実際に外資系企業で長く働いた経験から、「中学英語まで押さえるのは必須」だと思います。

時制の間違いや代名詞の使い間違いなどがないよう、自信がない人は中学英語の文法のおさらいをしてください。

中学英語の文法の勉強をするには、まずは薄いドリル形式のものを1冊やってみてください。

大人向けに「中学英語をやり直す」といったテーマでビジネス書や参考書も出ていますが、全般に分厚いものが多く、忙しいビジネスパーソンが1冊こなすとなると、モチベーションを維持するのが難しいでしょう。手を出しやすく、気軽に進められて、時間をかけずに全体像を押さえられる教材を選ぶようにしてください。

　一般的な中学3年生が、高校受験前の総復習で利用する問題集などが、よくまとまっています。

　具体的に1冊挙げるなら、『高校入試 中学3年間の総復習 英語』（旺文社）が取り組みやすいのでおすすめです。

オンライン英会話を漠然と利用しても意味はない

　英会話の練習のため、オンライン英会話サービスの利用を検討している人、あるいはすでに利用している人は少なくないでしょう。

　一昔前まで、英会話を習うには英会話教室に通う必要がありましたが、今はスマホがあれば、どこでもネイティブから英会話のレッスンを受けることができます。忙しいビジネスパーソンにとっても、手軽に英語に触れられるのは嬉しいサービスかもしれません。

ただし、こういったサービスを利用する際は、なんとなく適当に英語で会話しただけで、「今日も20分は英語を話したぞ」「こうやって毎日トレーニングしていれば、いずれはペラペラに……」などと考えてしまいがちですから、注意が必要です。

ここまで繰り返しご説明してきたように、ビジネスで使える英語表現を本当に身につけたいなら、手当たり次第に英語を読んだり聞いたり話したりするのは、効率が悪いと言わざるを得ません。

これは、オンライン英会話でも同じことです。ただ外国人とおしゃべりしているだけでは、なかなかビジネスシーンで英語を使えるようにはならないでしょう。

せっかくオンライン英会話を利用するなら、必ず「自分が英語を使いたい状況」を設定し、会話の相手に、そのシチュエーションを指定して、トレーニングしてください。

「今日は取引先のアメリカ人と初めてランチに行くという設定で会話をしたい」

「外資系企業に転職するのに面接の練習をしたいので、面接官として私に質問してください」

といったように具体的に頼みましょう。

こういった工夫をして利用すれば、オンライン英会話のレッスンでも、「自分が言いたいことを、どんなフレ

ーズで言うのが適切なのか」を質問したり、「リアルなビジネスの場面で、相手から出そうな質問にはどんなものがあるのか」を考えたりするのに役立てられます。

語彙力アップに役立つ「身近な音読の教材」とは

英語を口にする機会が少なく、なかなか話し慣れない人や、ビジネスで使える語彙力を強化したい人におすすめなのが、「音読」です。1人でできますし、隙間時間も利用できるので、取り組みやすいのも音読のメリットです。

音読をする際は、「何を読むのか」も大事です。

私がいつもビジネスパーソンにおすすめしているのは、勤務先のサイトに掲載されている英語のアニュアルレポートです。そのなかでも冒頭にある、企業のトップから株主へのメッセージは特におすすめです。

アニュアルレポートは株主にあてて、その企業が発信しているメッセージですから、まさに「会社の顔」となる文章であり、英文として相当に練り込まれたものになっているのが一般的です。

自社のビジネスのことですから、読んでわからないことはまずないでしょう。それに、これからビジネス英語

を勉強したいという人であれば、「読めばわかるけれど、これを自分で説明するとなったら、こんな単語やフレーズがぱっと出てくるかな?」と思うような内容になっているはずです。

そこで、アニュアルレポートの文章をそのままものにしてしまえば、自社のビジネスについて取引先などに説明するときに使うべき単語やフレーズはバッチリ身につきます。

もちろん、みなさん自身の自己紹介にも、そういった単語やフレーズはすぐ役立てられるでしょう。

自分の勤務先のアニュアルレポートをものにしたら、次は同業他社のアニュアルレポートを音読の教材にすれば、さらなる語彙力アップや表現の幅を広げることにもつながります。

アニュアルレポートについて補足すると、グローバル企業であれば、「ノンネイティブの株主にも読みやすい英語」を意識して書かれているのが一般的です。このため平易でわかりやすく、正確な英文になっており、ビジネスシーンで活用できる表現が多いのも特徴。これが音読の教材としておすすめする隠れた理由です。

なお、私が指導してきた人たちの話を聞くと、音読の

トレーニングをしようと考えるビジネスパーソンは、NewsweekやTIMEなどを教材に選びがちなようです。

しかし、これは失敗のもと。ニュース記事というのは、「洗練された言い回し」をよしとする記者が書いているため、ビジネスシーンで使いやすい平易な英文とは、方向性がまったく異なります。

ニュース記事は、ビジネスパーソンとしての知見を広めるために読むのは意味がありますが、ビジネス英語を身につけるのが目的なら、教材には向かないのです。

リスニングは1つの教材を聞き倒す

リスニングに自信がない人は、集中してトレーニングする時間をとってもいいでしょう。

ただし、「とにかく量を聞こう」と考えて、次々に新しい教材に手を出したり、適当に聞き流したりするのは、効果が薄いのでNGです。

教材とする音源を1つ決めたら、まずはそれをきちんと聞き取れるようになるまで、徹底的に聞き倒すようにしましょう。

聞き取れないところを聞き取れるようになるためには、まず何度か繰り返し聞いてみて、どうしても聞き取れないところがどこなのかを明確にすることから始め

しょう。

　聞き取れない部分を把握したら、もとの英文をチェックし、なぜ聞き取れなかったのかを分析します。
　たとえば単語を知らなかったのなら、それは聞き取れないのも当たり前。その単語を覚えればOKです。
　リスニングができない理由として最も多いのは、リエゾン、リンキングなどと呼ばれる英語の発音上の変化です。
　英語の文章は1つひとつの単語をはっきり発音するのではなく、ある単語の末尾の音と、直後の単語の先頭の音が連結して、違う発音になることがあります。よく知っている簡単な単語でも、つなげて発音されると、聞き取れなくなることは初学者にはよくあることです。
　たとえば、pick up という言葉は「ピック・アップ」と1つひとつ発音されるのではなく、文章のなかではkとuがリンクして「ピカップ」のように聞こえます。
　リエゾンについては、聞き取れないことに気づいたら、音源と同じ発音を目指して、自分で繰り返し言ってみるようにしましょう。これは、発音できるようになったリエゾンなら聞き取れるものだからです。
　リエゾンが登場するたびに、根気強くつぶしていくようにしてください。
　文法的に理解できないために、意味が追えなくなって

聞き取れないという現象もあります。その場合は、わからなかった文法を調べ、英文の意味を確認してから聞き直してみましょう。

　リスニングは、「聞き取れないから、たくさん聞いて慣れよう」ではなく、「聞き取れない原因を探り、それをつぶす」という作業の繰り返しによって、着実に力が伸びていきます。遠回りしてしまわないよう、「聞き流し」に逃げずに取り組みましょう。

　なお、ビジネスシーンでのリスニングについては、「予習」をきちんとすれば、さほど問題にはならないということも知っておいてください。
　日常会話については、いつどんな話題が出るかわからないので、リスニングが苦手な人が、これを克服するのは少々時間がかかるかもしれません。
　しかしビジネス英語に限れば、事前に会話の内容をある程度、想定することができます。
　たとえば商談なら、「相手から質問されるのは、主に納期や品質、価格のことだろう」などと予想がつくはずです。
　相手が何を聞いてくるか、何を言ってくるかを想定できていれば、基礎的な英語力のある人なら、「今、相手が話しているのが価格のことなのか品質のことなのかが

わからない」といったことは起きにくいでしょう。「相手が希望する値段について、いくらだと言ったのか聞き取れない」といったことはあるかもしれませんが、聞き取れなかったら、「もう一度言ってください」とお願いすれば問題ありません。

ですから、もしみなさんが、ビジネスシーンでリスニングに大きな問題を抱えているなら、それは「事前に会話の内容を想定していない、予習不足」が原因である可能性が高いのではないかと思います。

どうしてもリスニングに自信がないという人は、リスニング教材に走る前に、

「自分が英語を使う場面で、どんな会話が交わされる可能性があるのか」

「そこでどんな表現が出てきそうか」

「主なポイントについて聞き取れなかったらどう質問すればいいか」

などを考え、入念に準備しておくことを重視するようにしてください。

終章「バイリンガル」はすごくない！

早期英語教育は必要ない！

　ビジネスパーソンに「学生時代に頑張っておけばよかったと後悔していること」を尋ねると、多くの人が挙げるのが「英語」です。グローバル化が進むなか、社会に出て「もっと英語を勉強しておけばよかった……」と感じる場面も増えているのかもしれません。

　英語に自信のない人からは、「バイリンガルがうらやましい」という声もよく聞きます。

　親の仕事の都合などで、子ども時代をアメリカやイギリスなどの海外で過ごした人は、やはり発音がきれいです。外資系企業で働いている人のなかにはバイリンガルもたくさんいますから、そういった会社で英語に苦労しているなか、苦もなく２カ国語をあやつるバイリンガルの様子を見て、「やっぱりバイリンガルにはかなわない」と自己嫌悪に陥ってしまう人も多いようです。

　しかし、みなさんに求められているのは「英語力」ではありません。**ビジネスパーソンとしてのあなたに企業が期待しているのは、あくまでも「よい仕事をすること」**。コミュニケーションで求められるのは、ネイティブ並みの英語ではなく、「相手に伝わる話し方」と「話の中身」です。もし今、英語力が少し足りないのなら、これから身につければいいだけのことです。

私は常々、日本人は英語についてコンプレックスを持ちすぎではないかと感じています。

言語力について最も重要なポイントは何かといえば、**それは「母国語をベースにして、思考力や知性を十分に発揮できるか」**です。

私の息子たちは、一時期、海外のインターナショナルスクールで学びました。当時、あまり英語力が伸びないことが気になり、ノンネイティブの子どもたちに30年以上も英語指導をしてきたベテランの先生に相談したことがあります。

そのとき、「一番大事なのは、家で日本語を話し、日本語の本をたくさん読むことだ」と言われたことは、今でも忘れられません。

「子どもの知性は、母国語によって育ちます。その知性があってこそ、第二外国語としての英語も吸収できるようになるのです」というのが、その先生の教えでした。

振り返ってみれば、このアドバイスは的を射たものだったと思います。実際、私が間近に見てきたバイリンガルのなかには、英語も日本語も中途半端で、思考力や知性という点で苦労している人もたくさんいます。

もちろんバイリンガルで、非常に優秀な人とも数多く出会ってきましたが、「英語さえできれば」「バイリンガ

ルはすごい」というのは、偏った見方だというのが実感です。

みなさんが、日本語できちんと思考する力を持ち、またビジネスの豊富な知識や経験があるなら、たとえ今、英語力に難があっても、気にする必要はありません。

よくいわれることですが、英語はコミュニケーションのためのツールに過ぎないのです。どんなに美しい発音で英語を話せても、交渉力がなければ、「英語で交渉する場」には立てません。「英語力」ばかりを過剰に評価するのは、もうやめましょう。

この本でご紹介した「ビジネス英語の効率的な身につけ方」を生かしていただければ、英語の壁はさほど苦もなく乗り越えられるでしょう。

あとは、よい仕事をするだけです！

巻末付録
ビジネスシーンで頻出!
日本人が意外に知らない&わからない表現50選

　外資系企業で働いていると、「中学、高校で当たり前に習う単語ばかりのシンプルなフレーズなのに、意味がわからない表現」が頻出します。ここでは、日本人が意外に知らないビジネス英語ならではのフレーズをご紹介します。

① Are we on the same page?
（全員、同じ認識でいますよね?）
☞「be on the same page」は「共通認識で」「同じ理解で」という意味で、職場でリーダーがよく使う表現です。全員で同じページを見ている状態から転じています。

② I got brownie points from my boss for working overtime.
（残業して点数稼ぎしちゃった）
☞「brownie points」は「点数稼ぎ」とか「エキストラポイント」という意味で、甘いチョコレートケーキのブラウニーから転じた表現です。

③ The survey result was a <u>wake-up call</u> to the employees.
(調査の結果は、従業員にとっての警告になりました)

👉「wake-up call」は、朝起こしてもらうという意味から転じ、予期していない状況で目覚めさせられる「警告」という意味です。

④ We should <u>sit down and talk</u>.
(落ち着いてゆっくり話すべきですね)

👉「sit down and talk」は、「落ち着いてゆっくり話す」という意味で、必ずしも座って話すという意味ではありません。sit down and 〜には「落ち着いて〜に集中する」という比喩的な意味があります。

⑤ Everything is <u>up in the air</u>.
(すべてのことが決まっていません)

👉「up in the air」は「決まっていない」という意味で、空気中に浮遊する粒子から転じて「ふわふわした状態」を意味します。

⑥ Our manager gave us a <u>ballpark figure</u> of the target sales.
(マネージャーからセールス目標の概算数値を与えられました)

☞ 「ballpark figure」は「概算の、およその」という意味です。ballparkには「野球場」という意味があります。この表現は、アメリカのプロ野球の解説者がぐるっと観客席を見渡して、概算観客動員数を報道していたことが発祥といわれています。

⑦ The bottom line is that we have to cut our costs.
（結論は、我々は経費を削減しないといけないということです）

☞ 「bottom line」は「結論」という意味です。損益計算書の一番下のLine（行）にある「最終利益」の意味があり、ここから転じて、議論の最後にくる「結論」という意味でも使われるようになっています。

⑧ His idea will never fly.
（彼のアイデアは決してうまくいかないでしょう）

☞ 「never fly」は「うまくいかない」という意味です。決して飛ばないという意味から転じています。

⑨ Welcome to the team. It's great to have you on board.
（チームへようこそ。チームの一員になってくれて嬉しいです）

☞「on board」は「一緒に仕事をして」という意味です。新しいメンバーを迎えるときによく使います。「on board」には飛行機や船などの乗り物に「搭乗して」という意味があり、そこから転じて「組織の一員になる」という意味でも使われています。

⑩ We need to get our manager on board for our new idea.
(我々の新しいアイデアに対し、マネージャーに同意してもらう必要があります)

☞この場合の「on board」は「同意して」という意味です。前述の通り「on board」には「搭乗して」という意味がありますが、そこから転じて「意見に乗る、同意する」という意味で使われています。

⑪ Let's move on to the next topic.
(次の話題に進みましょう)

☞「move on to」は「次に進む、(話題を)移す」という意味です。会議などでよく使われ、本書の149ページでも使っています。

⑫ This is work-in-progress.
(これは作業中です)

☞「work-in-progress」は「作業中で、進行中で」と

いう意味です。まだ作業途中の会議資料などを上司に見せる場合、work-in-progress と明記しておくと、誤解がありません。WIP と略して使われることも多いです。

⑬ How I see it is somehow different.
(私の見方では、少し異なります)

☞「How I see」は「私の見方では」という意味です。相手の立場や意見を尊重しつつ、自分の見解を述べるときに使います。

⑭ I don't buy that.
(それを信じません)

☞「buy」は「(意見などを)受け入れる」という意味です。カジュアルな表現なので、同僚との会話などに適しています。

⑮ I need it yesterday.
(大至急必要です)

☞「need it yesterday」は「大至急」という意味です。上司が部下に急ぎの仕事を頼むときに使う表現です。「昨日ほしかった！」というくらい急いでいるということです。また、「本来準備できているはずのものができていない、大至急やってほしい」というニュアンスで使われることもあります。

⑯ The CEO has many <u>different hats</u>.
（CEO は複数の役割を担っています）

☞「different hats」は「複数の役割」という意味です。帽子という単語のhatには「職業や肩書き」という意味もあります。異なる肩書きを持つことから転じて、業務を兼務しているときなどに使える表現です。日本語の「二足のわらじを履く」は、wear two hats と表現することができます。

⑰ We're <u>in the same boat</u>.
（我々は同じ境遇です）

☞「in the same boat」は「同じ境遇で、運命の共同体で」という意味で、「同じ船に乗っている」ことから転じています。チーム内でもめごとが起きた場合などに協力を促すとき、チームリーダーが使う表現です。

⑱ I want to give you <u>a heads up</u> about the business trip next month.
（来月の出張について 早めに知らせておきます）

☞「a heads up」は「早めの情報」という意味です。「警告」という意味で使われることもあります。野球の守備選手に、しっかり顔（頭）を上げて、ボールが飛んでくるのに備えるようにと使われていたのが転じて、「これから起こることへの警告、注意喚起」という意味

です。

⑲ I have a second thought about our proposal.
（提案について再考しています）

☞「a second thought（またはsecond thoughts）」は「再考して、思い直して」という意味です。自分の最初の考えや見方を変更するときに使います。突然前言を撤回するような発言をすると、相手を混乱させますが、このフレーズをはさんでから違う意見を言うと、誤解を生みません。

⑳ Do you think we are on the right track?
（正しい方向に進んでいると思いますか？）

☞「on the right track」は「正しい方向で」という意味です。方向性を失いかけたときの確認に使える表現です。目標であるゴールに向かって、正しいトラックを走っているイメージです。

㉑ Thank you all for coming to the meeting on short notice.
（急な知らせで会議に集まってくれてありがとうございます）

☞「on short notice」は「急な知らせで」という意味で、非常によく使われます。急遽開催した会議などの

冒頭で、会議主催者が使ったりします。お知らせという意味のnoticeにかかっているshortは、短いという意味ではなく、短時間でのという意味です。

㉒ Could you <u>fill</u> me <u>in</u>?
（詳しく教えてもらえますか？）

☞「fill ～in」は「～に詳細を伝える」という意味です。会議などを欠席した場合、参加した同僚に対して使える表現です。その情報で私を満たしてくださいというイメージです。

㉓ I always check my e-mail <u>first thing in the morning</u>.
（私はいつも朝一番にEメールを確認します）

☞「first thing in the morning」は「朝一番で」という意味です。朝の習慣などを話すときに使われる表現です。

㉔ I <u>took time off from</u> the meeting to make a quick call.
（短い電話をかけるために、会議を抜け出しました）

☞「take time off from～」は「～を抜け出す、～を一休みする」という意味です。「take time off」は、「休憩する、休暇をとる」という意味でも使われます。

㉕ <u>On the upside</u>, this machine increases the production speed.

(利点として、この機械は製造速度を上げます)

☞「on the upside」は「利点としては、良い点としては」という意味です。何かを検討しているときに使われる表現です。

㉖ <u>On the downside</u>, this machine is quite expensive.

(不都合な点として、この機械は非常に高額です)

☞「on the downside」は「不都合な点としては」という意味です。何かを検討しているときに使われる表現です。upsideとdownsideはもともと金融用語で、株価の上昇余地をupside、下落リスクをdownsideという言葉を使って表現します。そこから転じて、よい話を出すときにupsideを使い、不都合な話を出すときにdownsideを使います。

㉗ What are your <u>grounds</u> for supporting this idea?

(このアイデアを押す根拠は何ですか？)

☞「grounds」は「根拠、理由」という意味です。会議や就職面接、メールなどでよく使う表現です。

㉘ <u>For some reason</u>, I am very sleepy today.
（どういうわけか、今日はとても眠いです）

☞「for some reason」は「どういうわけか、はっきりしない理由で」という意味です。オフィスでの日常会話などで使う表現です。ここで使われるsomeは「いくつかの」という意味ではなく、「よくわからない」という意味です。

㉙ I'm <u>sick and tired of</u> listening to his complain.
（彼の不満を聞かされるのには飽き飽きしています）

☞「be sick and tired of」は「飽き飽きした、うんざりしている」という意味です。同僚に愚痴をこぼすようなときに使う表現です。病気になるほど飽き飽きしているという意味で、本当に病気になっているわけではありません。

㉚ It's already nine o'clock. Let's <u>call it a day</u>.
（すでに9時です。今日はここまでにしましょう）

☞「call it a day」は「終わりにする、切り上げる」という意味です。仕事終わりのタイミングで使う表現です。

㉛ We need to get everyone <u>up to speed</u> on this matter.

(この件に関して、みんなに事情を把握してもらう必要があります)

☞「up to speed」は「ものごとを把握して、事情をのみ込んで」という意味です。スピードに追いつくというイメージです。日常会話でも会議のような場でも、とてもよく使われる表現です。

㉜ I need to <u>get my foot in the door</u>.

(私は働く機会を得る必要があります)

☞「get one's foot in the door」は「働く機会を得る、なんとかもぐり込む」という意味です。比較的カジュアルな会話で使われる表現です。家(会社)のなかに足を踏み入れるイメージがもとになっています。

㉝ There's nothing we can do about the problem. Let's <u>go with the flow</u> for the time being.

(この問題に関して我々ができることは何もない。当面成り行きに任せましょう)

☞「go with the flow」は「成り行きに任せる」という意味です。flowは「流れ」という意味で、「流れと一緒に進む」ことから転じています。

㉞ The oil company finally <u>pulled the plug</u> on its exploration project.
(その石油会社は探査プロジェクトをとうとう断念しました)

☞「pull the plug」は「断念する、手を引く」という意味です。コンセントから電化製品のプラグ(電源コード)を引き抜いて、使用をやめることから転じています。

㉟ <u>My gut tells me</u> that Ken is the right person for the project leader.
(私の直感では、ケンはそのプロジェクトのリーダーに適任です)

☞「my gut tells me」は「私の直感では」という意味です。じっくり考えたのではなく、なんとなくの直感的な話をするときに使う表現です。本書の85ページでは「直感的(gut feeling)」について触れました。

㊱ He already <u>has a lot on his plate</u>.
(彼はたくさん〈仕事を〉抱えています)

☞「have a lot on one's plate」は「仕事を抱えている、やるべきことがたくさんある」という意味です。plateは、丸いお皿のことです。お皿の上に食べ物をたくさん載せてしまったイメージです。

㊲ It's like <u>comparing apples to oranges</u>.
(まったく違うものなので、比べようがありません)

☞「compare apples to oranges」は「比べようがない」という意味です。リンゴとオレンジのように、元々異なるもので、比較対象が適切でない場合に使われる表現です。

㊳ This is an <u>apple-to-apple comparison</u>.
(これは同一条件での比較です)

☞「apple-to-apple comparison」は「同じ条件での比較」という意味です。リンゴ同士を比べるように、同じ条件のものや、性質が似ているものを比較するときに使います。

㊴ Just give me some <u>back-of-the-envelope calculations</u>.
(概算数字を教えてください)

☞「back-of-the-envelope calculations」は「概算数字」という意味です。ざっと計算した数字などを伝えるときに使う表現です。手元にあった封筒の裏を使ってざっと計算してみたというイメージです。

㊵ It's <u>a piece of cake</u>.
(それはお茶の子さいさいの仕事です)

☞「a piece of cake」は「簡単な仕事」という意味です。

㊶ It's <u>a walk in the park</u>.
（それはとても簡単な〈朝飯前の〉仕事です）

☞「a walk in the park」は「簡単な〈朝飯前の〉仕事」という意味です。比較的カジュアルな表現です。「公園を歩くくらい簡単なこと」から転じています。

㊷ <u>Off the top of my head</u>, I'd say the company has 200 employees.
（確か、その会社の従業員は200人だと思います）

☞「off the top of one's head」は「確か、概算では」という意味です。数字などを聞かれて、直感的におおよその数字を出すときに使う表現です。頭のてっぺんからぱっと出てきたイメージで、よく考えたわけではないアイデアなどを述べる際に使います。

㊸ It's <u>not the end of the world</u>.
（それはこの世の終わりというほど重大なことではありません）

☞「not the end of the world」はそのまま「この世の終わりではない」という意味。心配している同僚や部下を励ますときなどに使う表現です。

㊹ I must face the music, as it's my mistake.
(自分のミスなので、正面から向き合わないといけません)

☞「face the music」は「結果を受け入れる、正面から向き合う」という意味です。同僚との会話などで使う表現です。この場合のmusicはよくない結果という意味で使われています。この表現の成り立ちには諸説ありますが、「昔アメリカの軍隊で処罰を受けるときに、太鼓などの音楽が流れたから」とか、「敵との戦闘が始まる際にトランペットなどの音楽が流れてきたから」という説があります。

㊺ Does this picture ring a bell?
(この写真を見てピンとくることはありますか?)

☞「ring a bell」は「ピンとくる、心当たりがある」という意味です。何かを思い出すときに使う表現です。頭のなかのベルがチーンとなって、何かを思い出すイメージです。

㊻ They go the extra mile to make their customers happy.
(彼らは顧客を喜ばせるために全力を尽くします)

☞「go the extra mile」は「全力を尽くす、一層の努力をする」という意味です。余分なマイルを行く=決ま

ったマイルよりさらに遠くに行く、要求されたこと以上にさらに頑張ってやる、という表現です。「自分の仕事の範囲以上のことをする、もうひと頑張りする」というときにも使えます。

㊼ OK, everyone. Let's <u>get the ball rolling</u>.
(それではみなさん。始めましょう)

☞「get the ball rolling」は「始める」という意味で、雑談を終えて本題に入るときなどに使う表現です。「ボールを転がそう」から転じて「開始しよう」という意味になっています。

㊽ We would like to ask you to <u>keep the door open</u>.
(今後また機会をいただければ幸いです)

☞「keep the door open」は「機会を与える」という意味です。交渉がうまく成立しなかったときなどに使う表現です。このドアは会社やオフィスのドアのことで、「ドアを開けている」から転じて、「いつでも交渉や相談に乗る」という意味です。

㊾ Let's <u>bring</u> this idea <u>to the table</u> at the next meeting.
(このアイデアを次の会議で提示しましょう)

☞「bring 〜 to the table」は「テーブルの上に〜を持ち込む」ということから転じて、「提示する」という意味です。通常、有益な情報を話し合いの場に提示したり、チームに何か貢献できるものを持ち込むという場合に使います。

㊿ We are not sure what our <u>game plan</u> is for the upcoming negotiation.
（次の交渉での戦略については、まだ確かではありません）

☞「game plan」は「戦略、計画」という意味です。交渉に臨む際や、ビジネスプランを立てるときに使う表現です。

あとがき

　本書を最後までお読みくださり、本当にありがとうございます。

　外資系企業で働いていた私が、ビジネス英語を教え始めたのは、夫の転勤に伴って海外に行ったことがきっかけでした。夫の赴任先で「ビジネス英語を学びたい」という知人に頼まれ、スカイプを使って個人指導を始めたのです。
　その後、仕事で英語が必要になった管理職や経営者、英語力をつけることで将来のキャリアの選択肢を広げたいと考えるビジネスパーソンにも英語の指導をしてきました。その経験を通じて、私は「彼ら、彼女らに英語を使う環境で成功してもらうには、単に文法やフレーズを教えるだけではダメだ」ということに気づいたのです。というのも、レッスンの合間に「アメリカ人には、こういう言い方をしたほうが効果的ですよ」「そのような英語を使うと、うまくいくはずの商談もダメになります」などと何気なく話すと、生徒の方たちの反応は、一様に「知らなかった……」「もっと早くに知っておきたかった！」というものだったからです。
　そして、英語力を身につけた彼らは、外資系企業で順調に出世していきました。

相手の考え方や価値観を理解しておくと、より相手に伝わりやすい言い方や話すタイミングもわかってきます。逆に言うと、アメリカ人特有のものの見方や受け止め方を理解しておかないと、文法的には正しいはずの英語でも真意が伝わらず、信頼関係を築くことができないのです。

　では、具体的にどういったことを意識していけばよいのか。私が日頃、生徒たちやセミナーに来てくださる方にお話ししていることを、体系立ててまとめたのが本書です。この本で述べていることは、多少は私個人のフィルターがかかっている部分もあります。しかし、実体験から学んだことばかりですから、アメリカ人と働く日本人の参考になるのではないかと考えています。

　日本企業でしっかり仕事ができている人は、本書でご紹介した思考と英語力を身につければ、グローバルな環境においても存分に力を発揮できると私は確信しています。優秀な日本人には、もっと積極的にグローバルな社会で活躍してほしいのです。本書がその一助になりましたら、著者として嬉しく思います。

　　2018年9月　　　　　　　　　　　　　　　　　小林真美

幻冬舎新書 514

出世する人の英語
アメリカ人の論理と思考習慣

2018年9月30日　第1刷発行

著者　小林真美

発行人　見城　徹

編集人　志儀保博

発行所　株式会社 幻冬舎
〒151-0051 東京都渋谷区千駄ヶ谷4-9-7
電話 03-5411-6211（編集）
　　 03-5411-6222（営業）
振替 00120-8-767643

ブックデザイン　鈴木成一デザイン室

印刷・製本所　株式会社 光邦

検印廃止
万一、落丁乱丁のある場合は送料小社負担でお取替致します。小社宛にお送り下さい。本書の一部あるいは全部を無断で複写複製することは、法律で認められた場合を除き、著作権の侵害となります。定価はカバーに表示してあります。
©MAMI KOBAYASHI, GENTOSHA 2018
Printed in Japan　ISBN978-4-344-98515-5 C0295
こ-25-1

幻冬舎ホームページアドレス http://www.gentosha.co.jp/
＊この本に関するご意見・ご感想をメールでお寄せいただく場合は、comment@gentosha.co.jp まで。